U0431714

精忠岳传 2
官场现形 4
子不语正续 3
三国志 4
初中外国史 3
高中本国史 2
中国经济地理 1
史记精华 1
中国历史教程 1
兰花梦奇传 1
山峨嵋剑侠传 4
小五义 6
续小五义 6

聊斋志异 4
水浒 4
薛刚反唐 1
儒林外史 2
何典 1
历史演义 2
洪秀全 2
侠义江湖 6

# 毛泽东的读书生活

龚育之 逄先知 石仲泉 著

生活·讀書·新知 三联书店

**图书在版编目（CIP）数据**

毛泽东的读书生活／龚育之，逄先知，石仲泉著．—北京：生活 · 读书 · 新知三联书店，2021.9 （2024.3 重印）
（三联精选）
ISBN 978－7－108－07165－1

Ⅰ.①毛…　Ⅱ.①龚… ②逄… ③石…　Ⅲ.①毛泽东(1893-1976)－读书方法　Ⅳ.①A755

中国版本图书馆 CIP 数据核字（2021）第 097019 号

责任编辑　赵庆丰
装帧设计　鲁明静
责任印制　董　欢
出版发行　生活 · 讀書 · 新知 三联书店
（北京市东城区美术馆东街 22 号 100010）
网　　址　www.sdxjpc.com
经　　销　新华书店
印　　刷　北京隆昌伟业印刷有限公司
版　　次　2021 年 9 月北京第 1 版
2024 年 3 月北京第 6 次印刷
开　　本　850 毫米 × 1168 毫米　1/32　印张 9.75
字　　数　176 千字　图 63 幅
印　　数　41,001－49,000 册
定　　价　48.00 元
（印装查询：01064002715；邮购查询：01084010542）

毛泽东与胡绳、田家英等一同研读苏联《政治经济学教科书》第三版
（1959 年 12 月至 1960 年 2 月）

毛泽东在广州和有关同志研究《毛泽东选集》第四卷的编辑工作（1960 年 4 月）

毛泽东在庐山查阅图书（1961 年）

毛泽东在读书（1961 年）

毛泽东在火车上看书（1962 年）

毛泽东在中南海会见美籍物理学家杨振宁（1973 年 7 月）

毛泽东在中南海会见美籍物理学家李政道（1974 年 5 月）

毛泽东在中南海的卧室

毛泽东在枣园窑洞工作（1946 年）

毛泽东在审阅文件（1946 年）

毛泽东观看中国古画（1953 年）

毛泽东在修改宪法草案（1954 年 1 月）

# 出版说明

毛泽东并非出身于书香门第，对读书的酷爱，也并非从书斋式的学问研究出发，而是基于一种朴素的社会理想、人生目标。早年的毛泽东，承继了中国知识分子读书为了齐家治国平天下的传统品德。当他真正走上了革命道路，便自然而然地将读书运用到救国、治国、治理天下的革命实践当中。读书，可以说是毛泽东一生生活的重要组成部分。

关于毛泽东的读书生活，有很多故事流传。青年时期，为了锻炼毅力，在街头读书，以求闹中取静；战争时期，生活在最艰苦、最紧张的环境中依然没有放弃读书，书籍是他最宝贵的财富，他对书籍爱护有加。因形势所迫，有时不得不放弃所有书籍，每逢此时，他都十分伤心。他的大部分藏书，特别是他有过批注的书，几经辗转，历尽艰辛，最终被搬到了北京。解放后，他将卧床一半的位置留给了书，为的是能够更便利地取书、读书，真正是以书为伴。

毛泽东读书有几个特点，其一是博览群书，其二是有目的有针对性地读书。但他并不唯书，他重视书本知识，也重视实践知识；既提倡读有字之书，也提倡读无字之书，历来反对死读书，读死书。

毛泽东读马克思主义著作，因为他认定马克思主义是唯一能够救中国的革命真理。他坚定不移地信仰马克思主义，把马克思主义同中国革命的实际相结合，取得了新民主主义革命的胜利。解放后，党的工作重心转到大规模的经济建设，毛泽东开始有针对性地阅读经济学著作，尤其是马克思的《资本论》，并在上面加了批语。此外，《政治经济学批判》《列宁有关政治经济学论文十三篇》等经济学经典著作，也是当时毛泽东阅读的重要书籍。

毛泽东读书，特别喜欢阅读史书，他读史是为了古为今用。在中国史书里面，他最喜欢的是“二十四史”，经常阅读，并作了大量的批注。在明清小说中，他最喜欢《红楼梦》，把《红楼梦》当作历史来读，不但自己反复读，也劝别人反复读。

《毛泽东的读书生活》即是通过朴素的叙述，展现出毛泽东孜孜不倦的读书侧影。作者之一逄先知，自 1950 年至 1966 年，为毛泽东管理图书报刊，对毛泽东的读书生活颇为熟悉；另一位作者龚育之，曾多次和毛泽东探讨哲学问题；第三位作者石仲泉所做的研究工作都是与毛泽东有关的。他们将对毛泽东的了解，特别是对毛泽东读书生活的了解真实地记录下来，这是研究毛泽东的第一手资料，也是一般读者所关心的。

三联书店于1986年9月出版了《毛泽东的读书生活》第一版，由邓小平题写书名；1996年7月出版了增订本（第二版），以后多次加印，至今仍是读者喜爱的畅销书之一。此次收入新编“三联精选”，即是在第二版的基础上重新编排出版的，再度邀读者一起感受一代伟人孜孜不倦的读书侧影。

生活·讀書·新知 三联书店

2021年6月

# 目 录

# 博览群书的革命家
## ——毛泽东读书生活我见我闻

逄先知

毛泽东是伟大的革命家，也是学识渊博的学问家。孜孜不息的读书生活伴随着毛泽东的一生，和他的革命生涯紧紧地联系在一起。

我从一九五〇年冬到一九六六年夏，为毛泽东管理图书报刊，历时近十七年，直接和间接地了解到毛泽东读书生活的一些情况。这些情况，尽管是片断的、零碎的，但是把它们介绍出来，对于了解和学习毛泽东是有价值的，对于今天的两个文明建设也是有意义的。

### 酷爱读书，广收博览

毛泽东从幼年起，就勤奋好学，酷爱读书。随着年龄的增长，他的读书欲望愈来愈强烈。为了增长知识、开阔眼界，为了寻求救国救民的真理，他常常废寝忘食地阅读古今中外的各种书籍。后来，即使在最艰苦、最紧张的革命战争环境，他也总是不忘读书。到陕北以后，毛泽东通过各种渠道，尽一切可能，从国民党统治区购买各类书报。到了延安，他的书逐渐多起来了，并有专人替他管理。他的书起先放在离住处不远的一排平房里，后因日机轰炸，搬到一个很深的窑洞里，保护起来。毛泽东十分爱惜自己的书。有一次，他的一些书被别人搞散失了，他非常生气，这件事他一直没有忘记。一九四七年从延安撤退的时候，别的东西丢下了很多，但是他的书，除一部分在当地埋藏起来以外，大部分，特别是他写了批注的那一些，经过千辛万苦，辗转千里，搬到了北京。这些书是毛泽东藏书中最宝贵的一部分，是研究毛泽东思想的珍贵资料。

全国解放后，毛泽东读书的条件好了。在我接手管书不久，毛泽东就提出，要把解放前商务印书馆和中华书局出版的所有图书都给他配置起来。这个要求显然是难以实现的，后来实际上也没有做到。但是他对书的酷爱，给了我极深刻的印象。当时毛泽东的书总共还不到十个书架，经过十几年的建设，在我离开这个工作岗位的时候，也就是一九六六年夏，他的藏书已达几万册，建成了一个门类比较齐全又适合毛泽东需要的个人藏书室。这里要特别提到，为建设毛泽东的个人藏书室，田家英所做的贡献是不应当忘记的，他是花了很多心血的。没有他的指导和具体帮助，建成这样的图书室是困难的。毛泽东的藏书，除马克思、恩格斯、列宁、斯大林和鲁迅的全集以外，一些著名类书和丛书，如《永乐大典》（部分，影印本）、《四部备要》、《万有文库》(部分)、《古今图书集成》，以及各种世界名著翻译丛书等，基本上配齐了。就个人藏书来说这不算少了，但仍不能满足毛泽东的需要。他还经常要我们向一些图书馆替他借书。一九五八年夏，北京图书馆换发新的借书证，我们特地给他办了一个。北图的同志出于对毛泽东的敬重，把他的借书证编为第一号。

毛泽东读书的范围十分广泛，从社会科学到自然科学，从马列主义著作到西方资产阶级著作，从古代的到近代的，从中国的到外国的，包括哲学、经济学、政治、军事、文学、历史、地理、自然科学、技术科学等方面的书籍以及各种杂书。就哲学来说，不但读基本原理，也读中外哲学思想史，还读逻辑学、美学、宗教哲学等等。这里稍为多介绍一点毛泽东对宗教方面的著作和文章的阅读情况。他对宗教问题是比较重视的。代表中国几个佛教宗派的经典如《金刚经》《六祖坛经》《华严经》以及研究这些经典的著述，都读过一些。对于禅宗的学说，特别是它的第六世唐朝高僧慧能的思想更注意一些。禅宗不立文字，通俗明快，它的兴起，使佛教在中国民间广为传播。《六祖坛经》一书，毛泽东要过多次，有时外出还带着，这是一部在慧能死后由慧能的弟子编纂的语录。哲学刊物上发表的讲禅宗哲学思想的文章，毛泽东几乎都看。基督教的《圣经》，他也读过。毛泽东阅读宗教经典，既作为哲学问题来研究，也当作群众工作问题来看待。他说："我赞成有一些共产主义者研究各种宗教的经典，研究佛教、伊斯兰教、耶稣教等等的经典。因为这是个群众问题，群众中有那样多人信教，我们要做群众工作，我们却不懂得宗教，只红不专，是不行的。"〔1〕一九六三年十二月三十日，毛泽东在一个文件上写了一个批语，说："对世界三大宗教（耶稣教、回教、佛教），至今影响着广大人口，我们却没有知识，国内没有一个由马克思主义者领导的研究机构，没有一本可看的这方面的刊物。""用历史唯物主义的观点写的文章也很少，例如任继愈发表的几篇谈佛学的文章，已如凤毛麟角，谈耶稣教、回教的没有见过。不批判神学就不能写好哲学史，也不能写好文学史或世界史。"〔2〕再以科学技术书为例。从各门自然科学、自然科学史，直到某些技术书籍，毛泽东也广泛涉猎，而对生命科学、天文学、物理学、土壤学最有兴趣。一九五一年四月中旬的一天，毛泽东邀请周世钊和蒋竹如到中南海做客，曾对他们说："我很想请两三年假学习自然科学，可惜，可能不容许我有这样长的假期。"

毛泽东常常说，一个人的知识面要宽一些。一九五八年九

〔1〕《同班禅额尔德尼的谈话》（1961年1月23日）。见《毛泽东西藏工作文选》，中央文献出版社、中国藏学出版社2001年5月版，第216页。

〔2〕《加强宗教问题的研究》（1963年12月30日）。见《毛泽东文集》第8卷，人民出版社1999年6月版，第353页。

毛泽东在中南海菊香书屋的小方桌

月，张治中陪同他一起外出视察工作。有一天，在行进的列车中，毛泽东正在聚精会神地看一本冶金工业的书。张治中诧异地问他："你也要钻研科技的书？"毛泽东说："是呀，人的知识面要宽些。"[1]毛泽东经常用这句话教育在他身边工作的同

---

〔1〕余湛邦：《张治中将军随同毛主席巡视大江南北的日子》。见 1983 年 12 月 17 日《团结报》。

毛泽东在中南海菊香书屋的办公桌

毛泽东在中南海菊香书屋的书柜

志，不论是做秘书工作的，做警卫工作的，还是做医护工作的。一九五七年他亲笔写信给他的秘书林克，要他“钻到看书看报看刊物中去，广收博览”。[1]

毛泽东跟书籍可以说是形影不离。在他的卧室里，办公室里，游泳池休息室里，北京郊外住过的地方……都放着书。每次外出也带着书，在外地还要借一些书。杭州、上海、广州、武汉、成都、庐山等地图书馆，都留下了毛泽东借书的记载。

毛泽东有一个习惯，每到一个地方，必先做两方面的调查。一是向人做调查，询问当地的政治、经济、文化、人民生活等现实情况；一是向书本做调查，了解当地的历史情况、地理沿革、文物掌故、风土人情以及古人写的有关当地的诗文。

一九五八年三月，毛泽东首次到成都，主持中央工作会议。三月四日下午，一到这个蜀汉古都，立即要来《四川省志》《蜀本纪》《华阳国志》阅读。以后，又要来《都江堰水利述要》《灌县志》等地方志书籍，还在书上批、画、圈、点。会议期间，他亲自挑选唐、宋两代李白、杜甫、苏轼、陆游等十五人写的有关四川的诗词四十七首，明代杨基、杨慎等十二人写的十八首，连同《华阳国志》，一并印发给与会同志。三月八日他曾借阅楹联书十余种，其中有杜甫草堂的对联，还有孙髯翁作的

〔1〕《毛泽东书信选集》，中央文献出版社 2003 年 11 月版，第 490 页。

昆明大观楼长达一百八十字的对联。毛泽东对这副长联甚为赞赏，他能背诵如流。清人梁章巨在《楹联丛话》中，认为此联“究未免冗长之讥也”，毛泽东颇不以为然。他在对此书的批语中写道：“从古未有，另创一格，此评不确。近人康有为于西湖作一联，仿此联而较短，颇可喜。”毛泽东生前多次到杭州，工作之余，常常借阅当地的地方志、当地古人的文集和诗集。例如，他借阅过宋朝林逋（和靖）的诗文集，明朝于谦的文集、传记和有关的小说。林和靖，就是那个隐居西湖孤山，一生不做官，种梅养鹤，被人称为“梅妻鹤子”的诗人。于谦，爱国名将，做过明朝的兵部尚书。毛泽东在杭州还要过历代古人写的有关西湖的诗词。当时在杭州从事文史工作的叶遐修，收集了自唐至清咏西湖的诗两千多首，从中选出二百首，编成《西湖古诗集粹》，抄送毛泽东阅览。

毛泽东的读书习惯几乎渗透到他的生活的各个方面。或者探讨一个问题，或者参观了一个展览会，或者得悉科学技术上有什么新的重大发展，以至看了一出戏，往往都要查阅有关书籍，进一步研究和学习。一九五八年，刘少奇曾以唐朝诗人贺知章《回乡偶书》一诗（“少小离家老大回，乡音无改鬓毛衰。儿童相见不相识，笑问客从何处来”），作为古代官吏禁带家属的例证。毛泽东觉得不妥，为查明此事，不仅翻阅了《全唐诗话》等书，还特地查阅了《旧唐书·列传》的“贺知章传”，

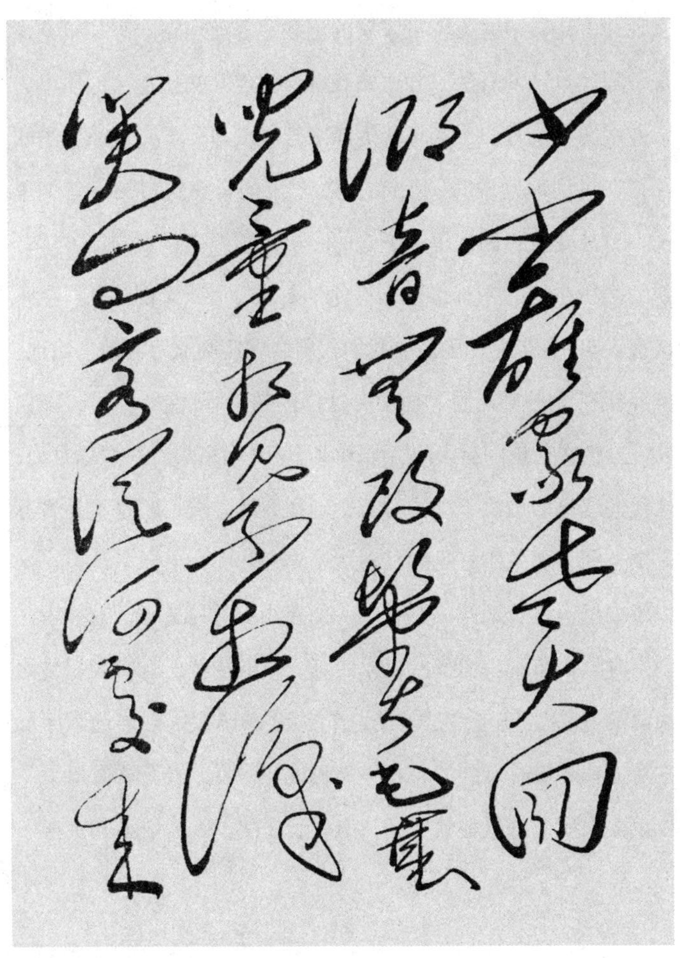

毛泽东手书贺知章《回乡偶书》

发现“贺传”中并无不带家属的记载。毛泽东随即写信给刘少奇，陈述自己的看法，并送去载有“贺传”的那本《旧唐书》。一九六四年八月二十四日，毛泽东与周培源、于光远谈哲学问题，在讲到地动说时，毛泽东说：“宋朝辛弃疾写的一首词里说，当月亮从我们这里落下去的时候，它照亮着别的地方。晋朝的张华在他的一首诗里也写到‘太仪斡运，天回地游’。”〔1〕这首诗叫《励志诗》。随后要我们找出载有这两篇诗词的书给他。辛弃疾在《木兰花慢》词中有这样两句：“可怜今夕月，向何处，去悠悠？是别有人间，那边才见，光影东头？”意思是说，从我们这里西边沉下去的月亮，到什么地方去了？是不是另有一个人间，那里刚好见到月亮从东方升起呢？毛泽东认为，这些诗词里包含着地圆的意思。一九五八年七月二日，毛泽东在中南海瀛台参观一机部的机床展览，回到住所，就要我们给他找两本书：《无线电台是怎样工作的》《1616 型高速普通车床》，这是他在参观时看到的。〔2〕一九五九年一月二日苏联发射了一枚宇宙火箭，六日他就要了几本关于火箭、人造卫星和宇宙飞

〔1〕《关于人的认识问题》（1964 年 8 月 24 日）。见《毛泽东文集》第 8 卷，人民出版社 1999 年 6 月版，第 392 页。

〔2〕从五十年代我国进入大规模经济建设时期以后，为了使中央领导同志了解和学习生产技术和科学知识，国务院有关的工业部门相继在中南海瀛台办了一些展览。毛泽东曾多次参观，如 1956 年 4 月 12 日至 17 日连续六天，7 月中有四天，每天下午参观；1958 年 6 月、7 月间又先后参观四次。

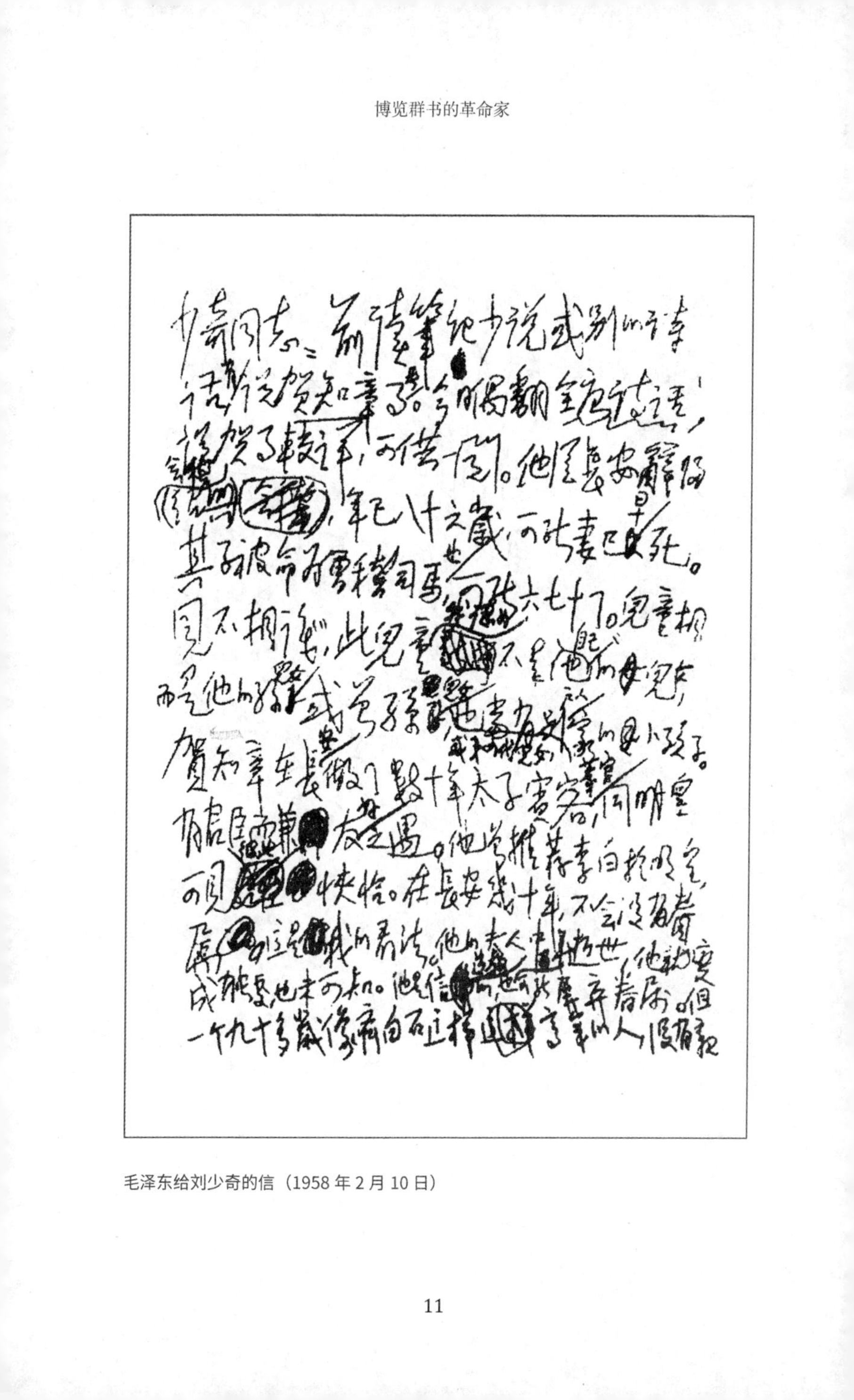

毛泽东给刘少奇的信（1958 年 2 月 10 日）

属共处，是不可想像的。他是诗人又是书法家（他的草书孝经，至今犹存）。他是一个胸襟洒脱的人，不是一个清教徒式的人物。唐朝未闻禁带眷属，整个历史也未闻此事。所以不可以为“少小离家”一诗作为研究古代宦吏禁带眷属的充分证明。刚才听你说，那次你讲到此事以后，总觉不甚妥当，请你再考一考，可能你是对的，我的想法不对。睡不着，偶触及此事，故写了这些，以供参考。

毛泽东 一九五八年二月十日上午十时

复寻唐书文苑传贺知章传（旧唐书列传一百四十页二十四），亦无不带家属之记载。

近年 [illegible]

行的通俗读物。

毛泽东的学问很渊博，但他总觉得自己的知识不够。他碰到不懂的东西，或者读一些有关的通俗小册子，或者请教专家，或者查工具书。在读书学习上，毛泽东无止境地追求着，一步一步地开拓自己的知识领域。

五十多年前，毛泽东说过一段很精彩的话："有了学问，好比站在山上，可以看到很远很多的东西。没有学问，如在暗沟里走路，摸索不着，那会苦煞人。"〔1〕这或许是他的经验之谈吧！毛泽东所以能够站得高一些，看得远一些，战略眼光宽广一些，成为一个杰出的革命家、思想家、战略家，一个很重要的条件，就是他有渊博的学问和丰富的知识。对于这一点，凡是与毛泽东作过长谈的人，包括外国的一些学者、记者和政界人士，都是表示钦佩的。

说毛泽东博览群书，并非说他涉猎了一切方面的书籍。例如，外国文学作品，除了《茶花女》《简·爱》《罗密欧与朱丽叶》等少数名著外，他读得很少；中国的现代文学作品也读得很少；至于经济管理方面的书，特别是国外有关社会化大生产管理方面的书读得更少。这一情况，不能不使他的思想受到一

〔1〕毛泽东在八路军延安总兵站检查工作会议总结时的讲话（1939 年 1 月 28 日）。

定的局限，产生某些不利的影响。毛泽东读书也不是平均使用力量，而是有所侧重，有所偏爱。他最重视、最喜欢阅读的是马列著作、哲学、中国历史和中国古代文学。

## 工欲善其事，必先利其器

毛泽东很重视工具书，我们也很注意为他收集这类图书，在他的藏书室里，各种辞书和地图等工具书是相当齐全的。他使用最多的是《辞海》、《辞源》、中国地图、世界地图和中国历史地图。

《辞海》《辞源》是过去发行量最大、影响最广的两部辞书，但毛泽东对这两部书都不甚满意。一九五七年，他在北京见到《辞海》的主编之一舒新城时说：《辞海》我从二十年前使用到现在。在陕北打仗的时候也带着，后来在延川敌情紧急的情况下，不得不丢下埋藏起来，以后就找不到了。现在这部书太老了，比较旧，希望修订一下。不久，在上海集中了大批有真才实学的人从事这项巨大的重编工作。一九六五年出版了试行本。新的《辞海》出版以后，毛泽东要身边工作的一位同志将它跟旧《辞海》一条一条对照，看看新《辞海》有什么优点，与旧《辞海》有什么不同。他对新《辞海》仍不甚满意，他说，有的条目写得太简单，有的条目应该有而没有。这些话，与其说是对新《辞海》的批评，不如说是反映了毛泽东强烈的求知欲望。新《辞海》后来几经曲折，终于在粉碎“四人帮”之后的一九七九年重新修订出版。在重编《辞海》的同时，《辞源》也根据毛泽东的提议进行了修订。

在毛泽东的故居里，现在还保存着一部小字本的《辞源》，那是从延安带出来的。解放初期毛泽东一直使用这部《辞源》，里面有他圈、画的地方。当人们看到这一道道的笔迹，会深深地为他的勤学精神所感动。这部书字太小，后来我们给他买了一部大字本的《辞海》，字稍大些，一直使用到晚年。

毛泽东提出编辑的另一种重要工具书是《中国历史地图集》。据谭其骧回忆，一九五四年冬，有一天毛泽东和吴晗谈起标点《资治通鉴》的事，讲到读历史不能没有一部历史地图放在手边，以便随时检查历史地名的方位。谭其骧说，解放前一些书局虽然出版过几种历史地图，但都失之过简，一般只画出一个朝代的几个大行政区划，绝大多数历史地名在图上查不到。这种图只能适应中小学教学的需要，满足不了读《资治通鉴》之类史书的要求。吴晗想起清末民初杨守敬编绘的《历代舆地图》，一朝一册，凡见于诸史《地理志》的州县一般全部上图，正符合毛泽东提出的配合读史的需要。因此，他建议在标点《资治通鉴》的同时，也应把杨守敬编绘的地图予以改造，绘制出版。毛泽东赞许他的意见，改绘“杨图”的工作经吴晗推荐，由谭其骧负责。[1]绘制《中国历史地图集》，是一项更为艰巨的工程，它也经历了曲折的道路，在一九八二年才开始正式出版。全书共八册，为研读中国史书提供了一部详尽的地图集。

“工欲善其事，必先利其器。”虽不能说没有工具书则无法读书，但是有了好的工具书，确为读书提供了便利条件，有时甚至是不可缺少的条件。毛泽东从长期的读书生活中深深地感到编好工具书的重要性。

## “尽信《书》，则不如无《书》”

毛泽东常引用孟子的一句话：“尽信《书》，则不如无《书》。”[2]这里说的书，是指《书经》。毛泽东把它推而广之，及于其他，就是说，不要迷信书本，读书不要盲从，要独立思考。他要求身边同他一起读书的同志，在看完一本书或者一篇文章之后，总要提出自己的看法和见解。毛泽东在他写的大量读书批语中，提出了很多新颖的见解，作出自己的评价，有些见解和评价是相当精辟的。毛泽东认为，读书既要有大胆怀疑和寻

〔1〕谭其骧：《学者、才子、为社会主义事业奋斗终身的好干部》。见《吴晗纪念文集》，北京出版社 1984 年 9 月版，第 34—35 页。

〔2〕见《孟子·尽心下》。

根究底的勇气和意志，又要保护一切正确的东西，同做其他的事情一样，既要勇敢，也要谨慎。他不仅对待中国古书是这样，对待马克思主义的著作也是这样。毛泽东对斯大林的《苏联社会主义经济问题》一书评价是比较好的，但他在建议各级干部学习这本书的时候，强调要加以分析：哪些是正确的，哪些说得不正确或者不大正确，哪些是作者自己也不甚清楚的。毛泽东在阅读苏联《政治经济学教科书》时，发表了大量评论性的意见，提出自己的许多观点，但他自己认为，这还只是跟着书走，了解他们的写法和观点。他认为，应当以问题和论点为中心，收集一些材料，看看他们的论文，知道争论双方的意见或者更多方面的意见，作进一步的研究。他说，问题要弄清楚，至少要了解两方面的意见。

毛泽东的早年同学周世钊，在谈到毛泽东青年时代读书情况时，说毛泽东有“四多”的习惯，就是读得多，想得多，写得多，问得多。这个“四多”正是反映了毛泽东酷爱读书而又不迷信书本，具有独立思考和追根究底的精神。

## 使看书占领工作之外的时间

毛泽东是一个读书不知疲倦的人。读书忘记睡觉，读书忘记吃饭，是常有的事。他曾经号召我们的干部，要养成看书的习惯，使看书占领工作之外的时间。他要求别人做的，自己首先做到了。

读者可能提出这样一个问题：毛泽东每天管很多国家大事，哪有时间读那么多书？要知道，毛泽东的工作效率是很高的，读书的效率也是很高的。他有过人的精力和惊人的记忆力，加上深厚的知识基础和丰富的实践经验，所以读得快，记得牢，理解得深。毛泽东给人一个很深的印象，就是不论读一本书，看一篇文章，还是同别人谈话，他能迅速而又准确地抓住要点，抓到问题的实质。在他身边工作的一些同志感受更深。读者大概都读过《毛泽东选集》第四卷最末几篇评美国白皮书的文章。白皮书是一九四九年八月五日发表的，不到十天，八月十四日毛泽东就发表了他写的第一篇评白皮书的文章《丢掉幻想，准备斗争》，并在一个多月的时间内连续发表四篇评论文章。他抓住并针对白皮书中的一些要害处，揭露了美国当局对华政策的帝国主义性质，批评了国内一部分人对美国的幻想，并对中国革命的发生和胜利的原因作了理论上的说明。再举一个小例子，有一次，他要看拿破仑传，选了几种翻译过来的本子。跟他一起读的同志一本还没有看完，他却三本都看完了。毛泽东每天睡眠的时间很少，像工作起来常常昼夜不眠一样，读书也是如此。他几乎把一切工作之余可以利用的时间都用于读书了。

毛泽东的才能和智慧，是付出了艰辛的劳动换取来的！它是毛泽东丰富的革命实践经验的升华和结晶，也是毛泽东一生勤奋好学、博览群书结出的硕果。

## 活到老，学到老

“活到老，学到老”，这是毛泽东常说的一句中国俗话，他自己就是这样做的。

一九三八年八月二十二日，毛泽东在中央党校的讲话中说过：你学到一百岁，人家替你做寿，你还是不可能说“我已经学完了”，因为你再活一天，就能再学一天。你死了，你还是没有学完，而由你的儿子、孙子、孙子的儿子、孙子的孙子再学下去。照这样说，人类已经学了多少年呢？据说是五十万年〔1〕，有文明史可考的只有二三千年而已。以后还要学多少年呢？那可长哉长哉，不知有多少儿孙，一代一代学下去。这里，毛泽东把学习（认识世界）的主体，由个人推延到整个人类。客观现实世界运动永远不会完结，人类对客观世界的认识也永远不会完结。

---

〔1〕 这是当时科学界的说法。迄今为止，考古发现证明，人类的历史至少有二百万年。

晚年的毛泽东，身体衰老了，视力减退了，但读书学习的精神丝毫未减，追求知识的欲望不见低落。一九七三年，他在大病恢复后不久，还同科学家杨振宁谈论物理学的哲学问题。一九七四年，他以极大的兴趣同李政道讨论“对称”“宇称不守衡”这些深奥的物理学问题。他还说：“很可惜，我年轻时，科学学得太少了，那时没有机会学。不过，我还记得年轻时非常喜欢读汤姆生的《科学大纲》。”一九七五年他的视力有所恢复后，又重读《二十四史》〔1〕，重读鲁迅的一些杂文，还看过《考古学报》《历史研究》《自然辩证法研究通讯》等杂志，并且提出给他印大字本《化石》杂志和《动物学杂志》。到一九七六年，他还要英国人李约瑟著的《中国科学技术史》（一至三卷）。根据当时为毛泽东管理图书的徐中远的记载，毛泽东要的最后一本书是《容斋随笔》（这是毛泽东一生中比较喜欢读的一部有较高价值的笔记书），时间是一九七六年八月二十六日。他最后一次读书的时间是一九七六年九月八日，也就是临终前的那一天的五时五十分，是在医生抢救的情况下读的，共读了七分钟。

五十多年前毛泽东在延安的一次演说中讲过一句话：“年老的也要学习，我如果再过十年死了，那末就要学九年零三百

〔1〕1975 年 8 月、9 月两次读《晋书》。

毛泽东读过的《容斋随笔》

五十九天。”[1]毛泽东以自己的实践，实现了他五十多年前所作的诺言。这位伟大的革命家兼学问家，几乎是在他的心脏快要停止跳动的时候，才结束了他一生中从未间断过的读书生活。

### 附　记

这里有一个书目，是一九五九年十月二十三日毛泽东外出前指名要带走的书籍。这是从当时我的登记本里照录下来的，读者可以从中窥见毛泽东博览群书情况之一斑。

---

〔1〕 这是按农历算的，一年为三百六十天。

10月23日

主席今天外出，要带走一大批书，种类很多，包括的范围很广。他指示要以下一些:马克思、恩格斯、列宁、斯大林的主要著作，诸如:《资本论》、《马恩文选》(两卷集)、《工资、价格和利润》、《哥达纲领批判》、《政治经济学批判》、《反杜林论》、《自然辩证法》、《马恩通信集》、《列宁文选》(两卷集)、《二月革命到十月革命》、《无产阶级革命和叛徒考茨基》、《国家与革命》、《“左派”幼稚病》、《帝国主义是资本主义的最高阶段》、《俄国资本主义的发展》、《进一步，退两步》、《做什么？》、《什么是“人民之友”？》、《无政府主义还是社会主义？》、《列宁主义基础》、《列宁主义问题》、《联共党史》。

《毛泽东选集》全部。

普列汉诺夫:《史的一元论》、《艺术论》。

黑格尔的著作。费尔巴哈的著作。

欧文、傅立叶、圣西门三大空想社会主义者的著作。

《西方名著提要(哲学社会科学部分)》。

冯友兰:《中国哲学史》。

《荀子》、《韩非子》、《论衡》、《张氏全书》(张载)，关于《老子》的书十几种。

《逻辑学论文选集》(科学院编辑)。

耶方斯和穆勒的名学（严译丛书本）。

米丁：《辩证唯物论与历史唯物论》。

尤金等：《辩证法唯物论概要》。

艾思奇：《大众哲学》及其他著作。

杨献珍的哲学著作。

苏联《政治经济学教科书》（第三版）。

河上肇：《政治经济学大纲》。

从古典经济学家到庸俗经济学家一些主要著作。

最近几年中国经济学界关于政治经济学的论文选集。

《六祖坛经》、《般若波罗蜜多心经》、《法华经》、《大涅槃经》。

《二十四史》（大字本，全部）。

标点本《史记》、《资治通鉴》。

范文澜：《中国通史简编》、吕振羽：《中国政治思想史》。

赵翼：《二十二史札记》。

西洋史（马克思主义观点的）、日本史。

《昭明文选》、《古诗源》、《元人小令集》、唐宋元明清《五朝诗别裁》、《词律》、笔记小说（自宋以来主要著作，如《容斋随笔》、《梦溪笔谈》等）。

朱熹：《楚辞集注》、《屈宋古音义》。

王夫之关于哲学和历史方面的著作。

《古文辞类纂》、《六朝文絜》。

《鲁迅全集》(包括鲁迅译文集)、《海上述林》。

苏联大百科全书选译。

自然科学方面的基本知识书籍。

技术科学方面的基本知识书籍(如讲透平、锅炉等)。

苏联一学者给主席的信(讲社会主义社会矛盾问题的)。

郭沫若:《十批判书》、《青铜时代》、《金文丛考》。

字帖和字画。

中国地图、世界地图。

# 毛泽东读马列著作

逄先知

毛泽东是在经过对各种思想流派和革命学说进行探讨、比较之后，才选择了马克思主义的。他一旦认定马克思主义是唯一能够救中国的革命真理，便终生坚定不移地信仰马克思主义。

毛泽东从一九二〇年读第一本马克思、恩格斯著作《共产党宣言》起，始终坚持不懈、孜孜不倦地阅读和研究马克思、恩格斯、列宁、斯大林的著作。马恩列斯的基本著作和重要文章，他读了很多，有的不知读过多少遍。他读马列著作的特点是，有重点地读，认真地反复地读，密切联系中国实际来读。

## 为解决实际问题而读马列著作

紧密结合中国实际，为解决中国革命和建设中的实际问题而读马列著作，这是毛泽东读马列著作的根本方法。

一九二〇年毛泽东读了《共产党宣言》等两三本书，知道人类有史以来就有阶级斗争，阶级斗争是社会发展的原动力，初步地找到了认识问题的基本立场和方法。然后，他就老老实实地开始研究实际的阶级斗争。

在大革命时期，马列著作翻译到中国来的还很少。毛泽东在一九二六年已经直接地或者间接地从别人的引述那里，读过列宁的《国家与革命》的部分内容。但是问题不在于读了这本书，可贵的是，毛泽东用《国家与革命》的理论来说明中国的革命问题，指导中国的革命。[1]

土地革命战争时期，在被国民党反动政府封锁的革命根据地内，要读马列著作十分困难。但是毛泽东是多么渴望读到马克思主义的书籍，多么需要马克思主义理论的指导啊！在他受到“左”倾教条主义领导者排挤的时候，他的正确主张得不到贯彻实行，而教条主义领导者却动不动引经据典，说马克思、

〔1〕《国家与革命》第一个中文全译本（柯柏年译），最早刊登在 1927 年 1 月 15 日出版的《岭东民国日报》的副刊《革命》（周恩来题名）上。毛泽东最早提到《国家与革命》这本书，根据现有材料，是在第六届农民运动讲习所讲授中国农民问题的记录稿里。据初步分析，讲授时间是 1926 年 5 月至 9 月间。毛泽东在讲话中说：“此时（按：指第二国际在第一次世界大战中提出‘保卫祖国’口号时）列宁同志曾著《国家与革命》一书，把国家说得很清楚的。国家于革命后，一切制度都要改变的。巴黎公社所组织的政府，其失败原因之一，即不改旧制度。以为重新建设一切的中国现在的国民政府，若夺了政权，必定改革一切的，重新建设的。国家是一个阶级拿了压迫另一个阶级的工具。我们的革命民众若将政权夺在手中时，对反革命者要用专制的手段，不客气地压迫反革命者，使他革命化；若不能革命化了，或赐以惨暴的手段，正所以巩固革命政府也。”

列宁是如何说的。毛泽东因受条件的限制，当时对马列著作确实不如他们读得多。为了坚持自己的正确主张，说服对方，说服党内其他同志，就得有理论武器，这也是使他发愤读马列著作的一个重要原因。那个时候，打下一些城市后，才好不容易弄到一点马列主义的书。一九三二年四月，红军打下当时福建的第二大城市漳州，没收了一批军事、政治、科学方面的书送到总政治部，其中有一些马列著作。根据彭德怀和吴黎平的回忆，其中有恩格斯的《反杜林论》，列宁的《两个策略》（即《社会民主党在民主革命中的两种策略》）、《“左派”幼稚病》（即《共产主义运动中的“左派”幼稚病》）。后来，毛泽东回忆土地革命战争时期的历史时说，那个时候能读到马列著作很不容易，在长征路上，他患病的时候躺在担架上还读马列的书。一九六四年三月，他对一个外国代表团说，他“是在马背上学的马列主义”。当年在长征路上同毛泽东一起行军的刘英亲眼目睹毛泽东读马列著作的感人情景。刘英是张闻天的夫人，一位忠诚的老革命家。在一次访问中，她对我说：“毛主席在长征路上读马列书很起劲。看书的时候，别人不能打扰他，他不说话，专心阅读，还不停地在书上打杠杠。有时通宵地读。红军到了毛儿盖，没有东西吃，肚子饿，但他读马列书仍不间断，有《两个策略》《‘左派’幼稚病》《国家与革命》等。有一次，主席对我说：‘刘英，实在饿，炒点麦粒吃吧！’毛主席就一边躺着看书，一边从口袋里抓麦粒吃。”听了这段生动的回忆，使人对毛泽东刻苦学习马列著作的精神，感佩不已！另据吴黎平回忆，毛泽东在长征途中读过《反杜林论》。

在马恩列斯的著作中，毛泽东尤其喜欢读列宁的著作。读得最多、下功夫最大的恐怕也是列宁的著作。这是可以理解的。因为毛泽东要从列宁的著作中寻找关于殖民地、半殖民地国家进行民主革命以及由民主革命向社会主义革命转变的理论，从列宁的著作中学习和汲取马克思主义哲学思想。毛泽东喜欢读列宁的著作，还因为列宁的作品，特别是革命时期的著作，生动活泼。“他说理，把心交给人，讲真话，不吞吞吐吐，即使和敌人斗争，也是如此。”[1]毛泽东说过，他是先学列宁的东西，后读马克思、恩格斯的书。[2]在列宁著作中，《两个策略》《“左派”幼稚病》《国家与革命》《帝国主义是资本主义的最高阶段》，以及后来出版的《哲学笔记》等著作，又是毛泽东读得遍数最多的（当然不只是这些）。根据延安时期给毛泽东管过图书的史敬棠回忆，毛泽东在延安经常读《两个策略》《“左派”幼稚病》。他用的这两本书还是经过万里长征从中央苏区带来的，虽然破旧了，仍爱不释手。毛泽东在这两本书中写了一些

〔1〕毛泽东在武汉会议上的插话（1958年4月6日）。
〔2〕毛泽东同中共中南局负责人的谈话（1965年4月21日）。

批语，有几种不同颜色的笔画的圈、点和杠杠，写有某年某月“初读”,某年某月“二读”,某年某月“三读”的字样。这说明，到那个时候为止，这两本书至少已读过三遍了。这两本书早已丢失，这是非常可惜的。我们从彭德怀的回忆里，也可以看到毛泽东当时是如何重视这两本书以及对这两本书的看法。彭德怀说：一九三三年，“接到毛主席寄给我的一本《两个策略》,上面用铅笔写着（大意）：此书要在大革命时读着，就不会犯错误。在这以后不久，他又寄给一本《‘左派’幼稚病》(这两本书都是打漳州中学时得到的），他又在书上面写着：你看了以前送的那一本书，叫作知其一而不知其二；你看了《‘左派’幼稚病》才会知道‘左’与右同样有危害性。前一本我在当时还不易看懂，后一本比较易看懂些。这两本书，一直带到陕北吴起镇，我随主席先去甘泉十五军团处，某同志清文件时把它烧了，我当时真痛惜不已”。[1]从彭德怀的这段叙述中可以看出，当时毛泽东结合中国革命的实践经验，对列宁的这两本书有了深刻的理解。一方面，他从理论上认识到大革命失败的原因，就主观方面说，是陈独秀犯了放弃无产阶级对民主革命领导权的右倾投降主义错误；另一方面，从理论上认识了王明“左”倾路线对革命的严重危害性，“左”倾同右倾一样地危害

〔1〕《彭德怀自述》，人民出版社 1981 年 12 月版，第 183 页。

革命事业。彭德怀的这段叙述还可以说明，为什么毛泽东特别重视列宁的这两部著作，反复地学习和研究，并用来教育中国共产党人。

到了延安以后，毛泽东广泛地收集马列主义的书籍。为了系统总结中国革命的经验，指导中国革命继续前进，也为了从理论上清理王明“左”倾路线的错误，他集中精力，发愤攻读马列主义的书，包括马恩列斯的原著和阐述马克思主义哲学、经济学的著作。当时毛泽东阅读、圈画并作了批注的马列著作，现在保存在毛泽东故居的已经为数不多了，主要有《资本论》、《社会主义从空想到科学的发展》、《列宁选集》（多卷本，苏联出的中文版）、《国家与革命》、《理论与策略》（收了《论列宁主义基础》《论列宁主义的几个问题》等几篇斯大林的重要著作，苏联出的中文版）和《马克思恩格斯列宁斯大林论艺术》。毛泽东在延安时期圈画的马列著作，保存下来的虽然不多，但从中可以看出毛泽东如何把马列主义的基本观点运用到中国革命实际，如何用马列主义基本理论总结中国革命经验的某些思考。

解放战争时期，经毛泽东批阅的马列著作，我们现在掌握的有两本，一本是《国家与革命》，一本是《“左派”幼稚病》。这两本书都是毛泽东为了当时的革命需要而重新阅读的。在《国家与革命》的封面上，毛泽东亲笔写上“毛泽东一九四六年”，在扉页上注明“1946年四月廿二日在延安起读”。翻开书一看，在“阶级社会与国家”这一章，几乎每句话的旁边都画着杠杠，讲暴力革命的地方画的杠杠特别引人注目。例如，革命才能消灭资产阶级国家这一句，关于暴力革命的观点是“马克思恩格斯全部学说的基础”这一段，杠杠画得最粗，圈圈画得最多，“革命”“消灭”“全部学说的基础”这些词和词组的旁边画了两条粗杠。毛泽东读这本书的时候，国民党正在积极准备发动全面内战，国内革命战争已不可避免，用革命的暴力推翻、消灭反动统治的国家机器，已是决定中华民族前途命运的头等大事。毛泽东正是在这样的历史背景下，结合中国共产党人肩负的历史使命，重温列宁这部重要著作的。他从中汲取理论的力量，使中国革命沿着正确的方向前进。一九四八年四月，中国人民解放战争正在乘胜前进，为了克服革命队伍内部存在的无纪律状态和无政府状态，保证革命战争的彻底胜利，毛泽东重读《“左派”幼稚病》第二章“布尔什维克成功的基本条件之一”，并在书的封面上写了一个批语：“请同志们看此书的第二章，使同志们懂得必须消灭现在我们工作中的某些严重的无纪律状态或无政府状态。毛泽东一九四八年四月廿一日。”中宣部在六月一日发出毛泽东这一指示，要求全党学习《“左派”幼稚病》第二章。

全国解放后，在党的工作重心转到大规模经济建设的时候，

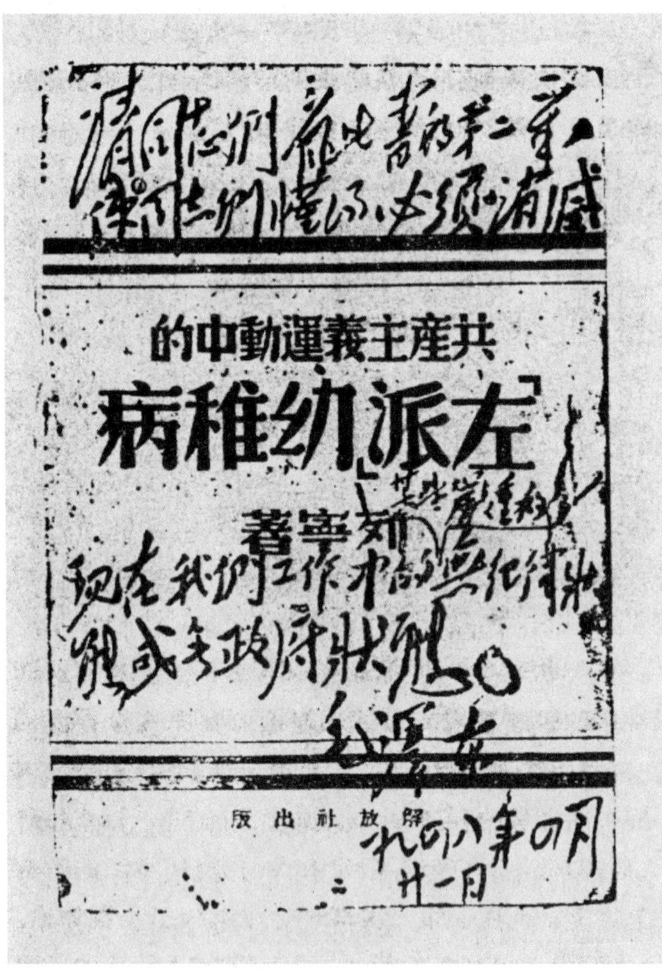


毛泽东写在列宁《共产主义运动中的“左派”幼稚病》封面上的批语（1948 年 4 月 21 日）

一九五四年，毛泽东又一次阅读《资本论》，以后又多次读《政治经济学批判》《列宁有关政治经济学论文十三篇》等经济学经典著作。

在一九五八年的“大跃进”中，出现了一种否定商品生产的极“左”观点。为了从理论上解决这个重大问题，说服持这种观点的人，并教育干部，毛泽东下功夫研究了斯大林的《苏联社会主义经济问题》。这个小册子，毛泽东读了许多遍，据我看到的，经他批注的就有四个本子。他还在第一次郑州会议上作了长篇评论。（这里顺带澄清一个事实，“文化大革命”中流传的所谓毛泽东对《苏联社会主义经济问题》的批注，那是误传。对《苏联社会主义经济问题》，毛泽东是作过批注的，但不是“文革”中流传的那个本子。）毛泽东对《苏联社会主义经济问题》的批注和评论，紧密结合中国当时的实际情况，着重阐述了社会主义条件下发展商品生产的必然性。对该书中斯大林概括的列宁关于社会主义革命道路的五条，毛泽东在批语中指出：“列宁是要以全力发展商品，问题还是一个农民问题，必须谨［慎］小心。”〔1〕在斯大林批评那种认为商品生产在任何条件下都要引导到资本主义的观点的地方，

〔1〕《读斯大林〈苏联社会主义经济问题〉批注》（1958年）。见《建国以来毛泽东文稿》第7册，中央文献出版社1992年版，第668页。

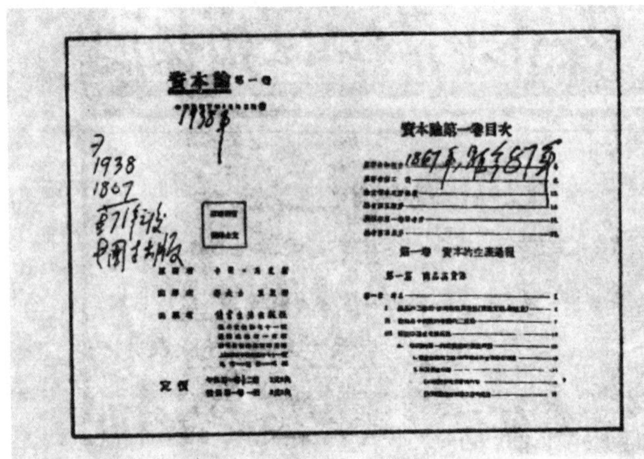

毛泽东写在马克思《资本论》上的批语（1954 年）

毛泽东写道："不要怕资本主义，因为不会再有资本主义。"[1]在斯大林讲到商品生产的活动范围只限于个人消费品的地方，毛泽东则写道："限于个人消费品吗？不，在我国，农业和手工业生产工具也是商品。是否会导致资本主义呢？不。"[2]这些批注反映了当时毛泽东对社会主义社会发展商品生产的一些基本观点，并且从中国的实际情况出发，突破了斯大林的某些论点。毛泽东的这些看法，在第一次郑州会议和武昌会

〔1〕《读斯大林〈苏联社会主义经济问题〉批注》（1958 年）。见《建国以来毛泽东文稿》第 7 册，中央文献出版社 1992 年版，第 668 页。

〔2〕同上书，第 672 页。

议的讲话中得到了充分展开。他说："现在，我们有些人大有要消灭商品生产之势。他们向往共产主义，一提商品生产就发愁，觉得这是资本主义的东西，没有分清社会主义商品生产和资本主义商品生产的区别，不懂得在社会主义条件下利用商品生产的作用的重要性。这是不承认客观法则的表现，是不认识五亿农民的问题。在建国初期，我们利用商品生产团结了几亿农民。在社会主义建设时期，我们有了人民公社，商品生产、商品交换更要发展，要有计划地大大发展社会主义的商品生产，例如畜产品、大豆、黄麻、肠衣、果木、皮毛。现在有人倾向不要商业了，至少有几十万人不要商业了。这个观点是错误的，这是违背客观法则的。""商品生产，要看它是同什么经济制度相联系，同资本主义制度相联系就是资本主义的商品生产，同社会主义制度相联系就是社会主义的商品生产。"〔1〕

毛泽东为解决我国社会主义建设中的问题而研究马克思主义，读斯大林的《苏联社会主义经济问题》是一个典型例子。毛泽东并没有全盘肯定斯大林这本书，然而他抓住其中科学的、对我国有用的理论观点，在一定程度上澄清了我国社会主义建

〔1〕《关于社会主义商品生产问题》（1958 年 11 月 9 日、10 日）。见《毛泽东文集》第 7 卷，人民出版社 1999 年 6 月版，第 437—439 页。

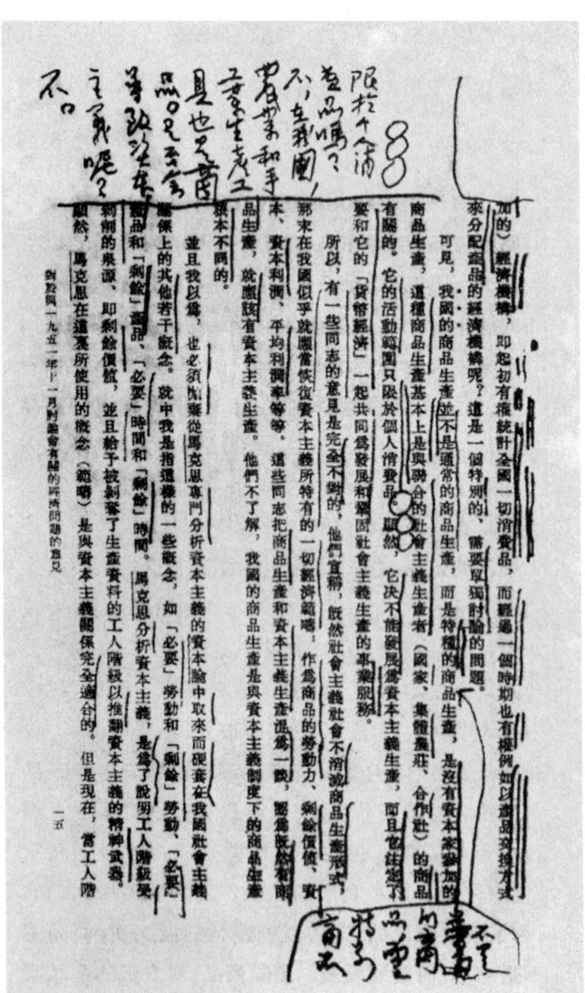

加的）經濟機構，即起初有權統計全國一切消費品，而經過一個時期也有權例如以產品交換方式來分配產品的經濟機構呢？這是一個特別的、需要單獨討論的問題。

可見，我國的商品生產並不是通常的商品生產，而是特種的商品生產，是沒有資本家參加的商品生產，這種商品生產基本上是與聯合的社會主義生產者（國家、集體農莊、合作社）的商品有關的。它的活動範圍只限於個人消費品。顯然，它決不能發展爲資本主義生產，而且它註定了要和它的「貨幣經濟」一起共同爲發展和鞏固社會主義生產的事業服務。

所以，有一些同志的意見是完全不對的，他們宣稱，既然社會主義社會不消滅商品生產形式，那末在我國似乎就應當恢復資本主義所特有的一切經濟範疇：作爲商品的勞動力、剩餘價值、資本、資本利潤、平均利潤率等等。這些同志把商品生產和資本主義生產混爲一談，認爲既然有商品生產，就應該有資本主義生產。他們不了解，我國的商品生產是與資本主義制度下的商品生產根本不同的。

並且我以爲，也必須拋棄從馬克思專門分析資本主義的資本論中取來而硬套在我國社會主義關係上的其他若干概念。就中我是指這樣的一些概念，如「必要」勞動和「剩餘」勞動、「必要」產品和「剩餘」產品、「必要」時間和「剩餘」時間。馬克思分析資本主義，是爲了說明工人階級受剝削的泉源、即剩餘價值，並且給予被剝奪了生產資料的工人階級以推翻資本主義的精神武器。顯然，馬克思在這裏所使用的概念（範疇）是與資本主義關係完全適合的。但是現在，當工人階

對於與一九五一年十一月討論會有關的經濟問題的意見　一五

毛泽东写在斯大林《苏联社会主义经济问题》上的批注

设进程中出现的一些混乱认识问题。他在读这本书时阐述的一些好的观点，至今还有其理论价值和现实意义。

## 用马克思主义基本理论教育干部

毛泽东非常重视用马克思主义基本理论教育干部，大力提倡干部要读马列著作。在延安整风中，为了清理王明“左”倾路线的影响，他亲自规定高级干部都要学习《“左派”幼稚病》和其他几本马克思主义的哲学和经济学著作。他提议整风之后，组织人力大量翻译马恩列斯著作。当时他说：我们党内要有相当多的干部，每人读一二十本、三四十本马恩列斯的书，我们有这样丰富的经验，有这样长的斗争历史，如果读通了这些马恩列斯的著作，我们党就武装起来了，我们党的水平就大大提高了。一九四五年，毛泽东在七大上又特别提出要读五本马列著作：《共产党宣言》《社会主义从空想到科学的发展》《两个策略》《“左派”幼稚病》和《联共党史》。[1]一九四九年，在革命即将取得全国胜利的时候，党的七届二中全会决定干部要

〔1〕《在中国共产党第七次全国代表大会上的结论》（1945年5月31日）。见《毛泽东文集》第3卷，人民出版社1996年8月版，第417页。

学习十二本马列主义著作。[1]在现存的档案中，还有当时胡乔木写的这十二本书的目录，毛泽东在这个目录前面加了“干部必读”四个字，并请周恩来即刻印发给七届二中全会。由毛泽东起名的“干部必读”十二本，在一个比较长的时期内，一直是干部学习马列主义的基本教材，从思想上武装了一代中国共产党人。

一九五三年，我国进入大规模经济建设时期，为学习苏联建设社会主义的经验，中央决定全党干部学习《联共党史》九至十二章。当时正值《毛泽东选集》第三卷出版，准备组织干部学习。但毛泽东说，《毛选》都是过去历史上的东西，还是要学习社会主义经济建设问题。（大意）在我国对社会主义经济建设毫无经验的情况下，学习苏联，这在当时是必要的。我们从苏联经验中学到了一些有用的东西，但也有消极的一面。随着实践的发展，随着苏联经验缺点的逐步暴露，毛泽东在总结我国自己实践经验的基础上，提出了一些适合我国情况的、不同于苏联的关于经济建设的方针和政策。

---

〔1〕《在中共七届二中全会上的总结》（1949 年 3 月 13 日）。见《毛泽东文集》第 5 卷，人民出版社 1996 年 8 月版，第 261 页。这十二本书是：《社会发展史》《政治经济学》《共产党宣言》《社会主义从空想到科学的发展》《帝国主义是资本主义的最高阶段》《国家与革命》《“左派”幼稚病》《论列宁主义基础》《联共党史》《列宁斯大林论社会主义建设》《列宁斯大林论中国》《思想方法论》。

在一九五八年"大跃进"出现严重失误的时候，干部中产生了某些混乱思想。毛泽东写信给中央、省市自治区、地、县四级党委委员，建议读两本书：斯大林著《苏联社会主义经济问题》《马恩列斯论共产主义社会》。要求"每人每本用心读三遍，随读随想，加以分析，哪些是正确的（我以为这是主要的）；哪些说得不正确，或者不大正确，或者模糊影响，作者对于所要说的问题，在某些点上，自己并不甚清楚"。"要联系中国社会主义经济革命和经济建设去读这两本书，使自己获得一个清醒的头脑，以利指导我们伟大的经济工作。"〔1〕

一九六三年，毛泽东又提出学习三十本马列著作的意见。七月十一日，他在中南海颐年堂召集中央部门管理论宣传教育工作的同志，就学习马列著作问题做出布置。他说，要读几本、十几本、几十本马列的书。要有计划地进行，在几年内读完几十本马列的书。要有办法引起高中级干部读书。他认为，原来提出的目录，哲学书开得少了，书目中还应有普列汉诺夫的著作。三十本书都要出大字本，译文要校对一下。他还提出，要为这些马列主义经典著作写序、作注，注解的字数可以超过正文的字数。他说，有的人没有读书兴趣，先

〔1〕《关于读书的建议》（1958 年 11 月 9 日）。见《毛泽东文集》第 7 卷，人民出版社 1999 年 6 月版，第 432 页。

要集中学习，中级以上干部有几万人学就行了。如果有二百个干部真正理解了马列主义就好了。[1]过了不到一个月，八月四日，毛泽东专为印马列著作大字本问题写信给周扬，并且嘱咐封面不要用硬纸，如《唯物主义和经验批判主义》《反杜林论》，应分装四本或八本，使每本减轻重量。毛泽东对印大字本关照得如此细密周到，是为了便利一些老同志阅读，当然也包括他自己在内。

## 发展马列主义，创造新的理论

毛泽东重视阅读马列著作，但更重视在实践中运用和发展马列主义。他反对死读马列的书，生搬马列主义教条，反对抽象地无目的地研究马列主义，反对用静止的孤立的观点对待马列主义。他曾说过："一切皆在变化中，不应该用顽固的形式主义的观点，而应该用活泼的辩证法的观点，去注意一切变化。""有用的是用马克思主义观点研究具体环境与具体策略。"[2]

---

〔1〕摘自许立群当时记录的毛泽东讲话要点。

〔2〕《目前时局与党的政策》（1940 年 7 月 13 日）。见《毛泽东文集》第 2 卷，人民出版社 1993 年 12 月版，第 291、292 页。

关于应当用什么态度对待马克思、恩格斯、列宁的著作，毛泽东在一九五九年底至一九六〇年初，读苏联《政治经济学教科书》的时候说过一段很重要的话，今天读来仍很受教益。他说：

> 马克思这些老祖宗的书，必须读，他们的基本原理必须遵守，这是第一。但是，任何国家的共产党，任何国家的思想界，都要创造新的理论，写出新的著作，产生自己的理论家，来为当前的政治服务，单靠老祖宗是不行的。只有马克思和恩格斯，没有列宁，不写出《两个策略》等著作，就不能解决一九〇五年和以后出现的新问题。单有一九〇八年的《唯物主义和经验批判主义》，还不足以对付十月革命前后发生的新问题。适应这个时期革命的需要，列宁就写了《帝国主义论》《国家与革命》等著作。列宁死了，又需要斯大林写出《论列宁主义基础》和《论列宁主义的几个问题》这样的著作，来对付反对派，保卫列宁主义。我们在第二次国内战争末期和抗战初期写了《实践论》《矛盾论》，这些都是适应于当时的需要而不能不写的。现在，我们已经进入社会主义时代，出现了一系列的新问题，如果单有《实践论》《矛盾论》，不适应新的需要，写出新的著作，形成新的理论，也是

不行的。[1]

正是在这个思想指导下，毛泽东在一九六三年提出要为马列主义经典著作写序、作注。之后，又在一九六五年十二月重新提出写序问题。他召集陈伯达、艾思奇、胡绳、田家英等到杭州进行这一工作。我也随着他们去了，还给毛泽东带去三十部马列主义经典著作（大字本），加上别的一些书，装了两大木箱。毛泽东特别提醒，写序要结合中国革命的实践经验。可惜这件事刚提了一个头就被“文化大革命”打断了。

毛泽东对待马克思主义基本原理的信念是坚定不移的，但总的来说他又不受马克思主义的一些个别论断所束缚。他善于从中国的实际出发，并且根据客观形势的发展，在马克思主义基本理论指导下，大胆地提出新的科学论断和理论观点。他是一个创造性的马克思主义者。他同党的其他领袖人物一起，领导中国人民走出了一条具有中国特色的民主革命的道路；也走出了一条具有中国特色的社会主义改造的道路。在社会主义建设问题上，毛泽东和其他领导人一起，也曾经为开创一条中国式的道路进行过思考和探索。《论十大关系》和《关于正确处

---

〔1〕《读苏联〈政治经济学教科书〉的谈话（节选）》（1959 年 12 月—1960 年 2 月）。见《毛泽东文集》第 8 卷，人民出版社 1999 年 6 月版，第 109 页。

理人民内部矛盾的问题》等著作凝集着毛泽东在这一方面的一些光辉的思想，成为我们党探索建设中国特色社会主义的先声。但是，由于历史条件和他本人主观条件的限制，他没有也不可能实现这个任务，而在探索的过程中，又发生过失误甚至犯了严重错误。我们党从十一届三中全会以来所做的工作，从根本上说，就是纠正毛泽东晚年的错误，在新的历史条件下，重新总结经验，继承和发展毛泽东思想的科学体系，在探索建设中国特色社会主义的道路上继续前进，并且力求创造出新的理论，对发展马克思主义作出自己的贡献。

介绍了毛泽东读马列著作的情况后，我想读者可能会提出这样一个疑问：毛泽东一生坚持读马列著作，并且一再号召全党学习马列著作，为什么自己在晚年却犯了严重错误呢？我认为，根本问题在于毛泽东晚年长期脱离实际，又不能听取不同意见，因而对现实社会状况和许多问题不能作出正确的估量和分析。正像《关于建国以来党的若干历史问题的决议》所指出的："他在犯严重错误的时候，还多次要求全党认真学习马克思、恩格斯、列宁的著作，还始终认为自己的理论和实践是马克思主义的，是为巩固无产阶级专政所必需的，这是他的悲剧所在。"这个分析是很中肯的。任何一个马克思主义者，包括像毛泽东这样伟大的马克思主义者，当他长期脱离实际，主观专断，就会偏离马克思主义的方向。纵观毛泽东的一生，在他出色地将马克思主义基本原理与中国实际相结合的时候（这是大部分时间），他对马克思主义的运用和发展，对推动中国历史的前进，作出了巨大贡献。他在晚年把马列著作中的某些设想和论点教条化甚至误解，则又给人民的事业造成严重损失。这是一个沉痛的教训。学习马列主义，一定要紧密结合活生生的现实，实行毛泽东倡导的一切从实际出发，理论与实际相统一的原则，这就是我们从毛泽东读马列著作的经验中得到的最重要的启示。

# 从《实践论》谈毛泽东的读书生活

龚育之

如果说，“否认理论”是“狭隘经验论”的特征，那么，《实践论》的写作这件事本身，却正是重视理论的一个明证。《实践论》《矛盾论》以及《中国革命战争的战略问题》《论持久战》《〈共产党人〉发刊词》《新民主主义论》这些著作，乃是中国革命所产生的最重要的一批马克思列宁主义理论著作。我们党以毛泽东为主要代表所进行的这些创造性的理论建设工作，为我国新民主主义革命的胜利奠定了理论的基础。

我们党建立和展开活动的初期，理论准备是不足的。这是由于：第一，中国资产阶级在思想上和理论上很不成熟。毛泽东在《农村调查》的序言中说过：“中国幼稚的资产阶级还没有来得及也永远不可能替我们预备关于社会情况的较完备的甚至起码的材料，如同欧美日本的资产阶级那样。”[1]这是从社会调查的材料准备这个方面来说的，从哲学、经济学、社会政治学说的理论准备这个方面来说，也是这样。这里说理论准备，

---

〔1〕《毛泽东选集》第3卷，人民出版社1991年6月第2版，第791页。

取的是间接的含义。在理论上无产阶级同资产阶级是相互对立的，同时又是相互联系的。中国资产阶级在理论发展上的不足，影响到中国无产阶级理论发展的不足。第二，中国共产党一诞生，立即投入迅速高涨的实际革命运动，来不及从容地做理论的准备。当然，绝不可以低估建党前后马克思主义理论的介绍和研究的巨大成绩。正是由于这种介绍和研究，使中国人民的眼界提高了，中国革命也改变了面貌。但是，这种介绍毕竟是很不充分的，马恩列的许多重要著作都还没有翻译出来，对于马克思主义的理论和中国革命的实践还缺乏完整的、统一的了解。第三，第一次大革命失败，党又立即投入武装起义，在农村、在偏僻的山沟开辟根据地，进行土地革命战争，没有可能从容地从理论上总结革命经验和探讨革命道路。

但是，革命难道能够等待理论准备成熟然后才去进行吗？革命实践在先。中国革命发展的客观形势，迫使我们党从实践中开辟了一条世界无产阶级革命历史上不曾有过的中国自己的独特道路——在农村建立根据地，走农村包围城市的道路。中国革命的理论准备和理论建设，正是要从总结中国革命的实践经验中，从研究中国革命的条件、特点和规律中，把马克思主义的理论和中国革命的实践结合起来而求得发展。当时，正是毛泽东从实践上和理论上代表了这个正确的方向。

然而，一些受教条主义束缚的同志却不能认识这个正确的方向。在他们看来，似乎只有在外国，在城市，在书本上，才能有马克思主义，山沟里不能有马克思主义。他们指责所谓“山沟里的马克思主义”，认为它是“否认理论”的“狭隘经验论”。

马克思主义当然不能从山沟里产生。它是从近代无产阶级革命运动的基础上批判和改造近代资产阶级的理论成果而产生的，是在近代城市中产生的。从中国来说，它还是在外国产生的。外国传来的马克思主义，在中国首先也是在城市，在革命知识分子和革命工人中传播的。毛泽东同其他许多人一样，是在城市，在同外国传来的新思潮相接触中，了解和接受马克思主义的。但是，中国历史和中国社会的实际情况，中国革命发展的客观形势，决定了中国革命必须到农村中、到山沟里去发展。因此，马克思主义理论在中国，必须同农村中、山沟里的中国革命实践相结合。在山沟里研究马克思主义当然有许多困难。然而，否认农村中、山沟里的中国革命实践，拒绝研究中国革命实践的这些创造性的经验，只是从书本上和外国决议上去抄袭马克思主义的词句和教条，这样的“马克思主义理论”，不能引导中国革命走向胜利，只能使它遭到挫折。

当毛泽东强调实践、强调调查研究的时候，他所要求的是马克思主义理论和中国革命实践相结合，认为理论工作必须遵循这样的方向，并没有一般地否认理论、否认书本。相反，在同实践相结合的正确方向下，他是重视理论，重视书本的，在山沟里和战火中的极端困难条件下，他是尽了可能去学习理论，学习书本，提倡理论的教育和研究的。

在一九二九年的古田会议决议中，毛泽东在强调社会调查的同时，强调了马克思列宁主义的方法。在这个决议的“党内教育问题”一节里，在十项教育材料中，除了列为第七项的“游击区域社会经济的调查研究”一项外，还有列为第八、九、十项的“马克思列宁主义的研究”“社会经济科学的研究”“革命的目前阶段和它的前途问题”，以及列为第一、二项的“政治分析”“上级指导机关的通告的讨论”。〔1〕

在起草古田会议决议的同时，毛泽东给中央写了一封信，说：“惟党员理论常识太低，须赶急进行教育。除请中央将党内出版物（布报、《红旗》、《列宁主义概论》、《俄国革命运动史》等，我们一点都未得到）寄来外，另请购书一批……我们望得书报如饥如渴，务请勿以事小弃置。”〔2〕他还给当时的中央领导人李立三写了一封信，说：“我知识饥荒到十分，请你时常寄

〔1〕《中国共产党红军第四军第九次代表大会决议案》（1929 年 12 月）。见《毛泽东文集》第 1 卷，人民出版社 1993 年 12 月版，第 94—95 页。

〔2〕《致中共中央》（1929 年 11 月 28 日）。见《毛泽东书信选集》，中央文献出版社 2003 年 11 月版，第 22 页。

书报给我。"[1]

在反革命"围剿"中，毛泽东想方设法收集马列著作。《反杜林论》的中译本就是在一九三二年红军打漳州时收集到的。他非常珍惜这些译本，在长征行军中一直带在身边，没有丢失。

关于"狭隘经验论"的争论，给予毛泽东同志以极深的印象。他后来提到这场争论时说："我因此，到延安就发愤读书。"[2]

关于毛泽东在陕北、在延安发愤读书的情况，有一些很生动感人的记载。

斯诺在《西行漫记》中这样报道过："毛泽东是个认真研究哲学的人。我有一阵子每天晚上都去见他，向他采访共产党的党史，有一次一个客人带了几本哲学新书来给他，于是毛泽东就要求我改期再谈。他花了三四夜的工夫专心读了这几本书，在这期间，他似乎是什么都不管了。"[3]斯诺的访谈大概是一九三六年夏秋之间的事情。

一九三六年八月十四日，毛泽东给他早年的好友易礼容一封信。信中询问："李鹤鸣王会悟夫妇与兄尚有联系否？我读

---

〔1〕《致李立三》(1929 年 11 月 28 日)。见《毛泽东书信选集》，中央文献出版社 2003 年 11 月版，第 24 页。

〔2〕郭化若：《毛主席抗战初期光辉的哲学活动》。见《中国哲学》第 1 辑。

〔3〕斯诺：《西行漫记》，三联书店 1979 年 12 月版，第 67 页。

了李之译著，甚表同情，有便乞为致意。”[1]李鹤鸣就是李达，信中提到的李的译著现在不能断定是哪一种。很可能是李达、雷仲坚合译的《辩证法唯物论教程》。

毛泽东不仅自己发愤读书，还组织中央其他同志一起读书，提倡党的干部都来读书。一九三六年九月十一日毛泽东、周恩来、博古致电彭德怀、刘晓、李富春：“（一）同意富春办法，组织流动图书馆。（二）明日即开始寄第一次书十本，先交富春，停三天，转寄彭刘，停一星期。（三）各同志务须按时寄回，以免散失。（四）以后将一星期或十天寄一次。”[2]

一九三六年十月二十二日，毛泽东给当时在“外面”从事统一战线工作的叶剑英、刘鼎去电：“要买一批通俗的社会科学自然科学及哲学书，大约共买十种至十五种左右，要经过选择真正是通俗的而又有价值的（例如艾思奇的《大众哲学》、柳湜的《街头讲话》之类），每种买五十部，共价不过一百元至三百元，请剑兄经手选择，鼎兄经手购买。在十一月初先行选买几种寄来，作为学校与部队提高干部政治文化水平之用。在外面的人，一面工作，一面要提倡看书报。”[3]

毛泽东在陕北和延安批阅较多的哲学著作有十几种，除马

〔1〕《毛泽东书信选集》，中央文献出版社2003年11月版，第40页。
〔2〕同上书，第52页。
〔3〕同上书，第68页。

恩列斯的以外，还有苏联和中国学者的。其中对李、雷合译，西洛可夫、爱森堡等合著的《辩证法唯物论教程》批注文字最多。从一九三六年十一月至一九三七年四月，在这本书的中译本第三版上先后用毛笔、黑铅笔在书眉和空白的地方写下了近一万两千字的批注，并从头至尾作了圈点和勾画。其中第三章“辩证法的根本法则”批注文字最多，最长的一条有一千多字。后来，在一九四一年，又在这本书的第四版上作了一些批注。批注都用隽秀的行草字体。有对原著的扼要而精辟的概述，简明的赞同评语，也有对原著观点的批评、引申，特别是有许多联系中国实际所作的发挥。

米丁等著、沈志远译的《辩证唯物论与历史唯物论（上册）》（一九三六年十二月初版），毛泽东也作了许多批注。

李达著的《社会学大纲》，一九三七年五月出版后作者曾寄给毛泽东一本，毛泽东读了很高兴，认为是一本好书，是中国人自己写的第一本马克思主义的哲学教科书，并把它推荐给抗日军政大学。他在书上作了很多批注，合计约三千五百字。一九三八年二月一日，毛泽东写“读书日记”，开头这样写着：“二十年没有写过日记了，今天起再来开始，为了督促自己研究一点学问。看李达的《社会学大纲》，一月十七日至昨天看完第一篇，‘唯物辩证法’，从 1—385 页。今天开始看第二篇，‘当作科学看的历史唯物论’，387—416 页。”以后逐日记了读

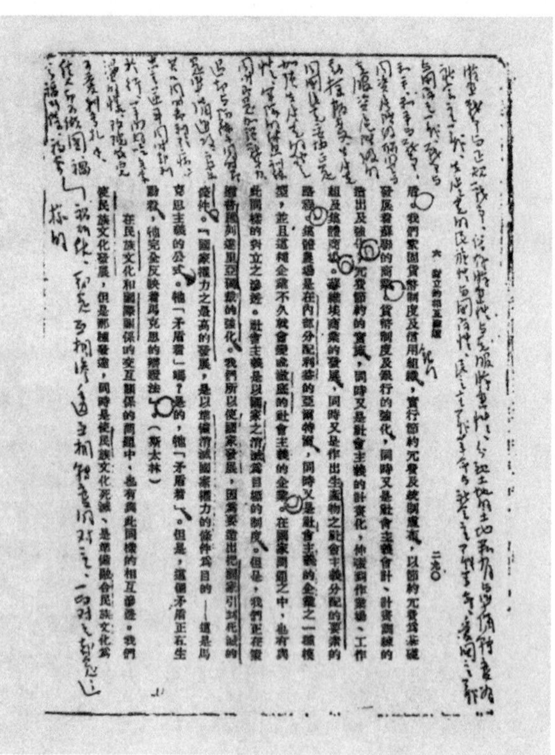

六 對立的相互滲透　　二六〇

礎。我們蘇聯貨幣制度及信用組織，實行節約冗費及鞏固盧布，以節約冗費爲基礎發展着蘇聯的商業、貨幣制度及銀行的強化，同時又是社會主義會計、計畫調劑的普及及強化、冗費節約的實施，同時又是社會主義的計畫化，伸張到作業場、工作組及集體商店。蘇維埃商業的發展，同時又是作出生產物之社會主義分配的要素的路線。集體農場是在內部分配利益的亞爾特爾，同時又是社會主義的企業之一種機構，並且這種企業不久就會變成徹底的社會主義的企業。在國家問題之中，也有與此同樣的對立之滲透。社會主義是以國家之消滅爲目標的制度。但是，我們正在發揮着普羅列塔里亞獨裁的強化。我們所以使國家發展，因爲要造出把國家引到消滅的條件。「國家權力之最高的發展，是以準備消滅國家權力的條件爲目的——這是馬克思主義的公式。牠「矛盾着」嗎？是的，牠「矛盾着」。但是，這個矛盾正在生動着，牠完全反映着馬克思的辯證法」（斯大林）

在民族文化和國際關係的交互關係的問題中，也有與此同樣的相互滲透。我們使民族文化發展，但是那種發達，同時是使民族文化死滅、是準備融合民族文化爲

毛泽东写在西洛可夫、爱森堡等合著的《辩证法唯物论教程》上的批注

书的进度。三月十六日记："本书完。"

艾思奇著的《思想方法论》（一九三七年一月再版），毛泽东也作了批注。一九三七年九月，还写了十九页《艾著〈哲学与生活〉摘录》，总共三千字。不久后写信给艾说："你的《哲学与生活》是你的著作中更深刻的书，我读了得益很多，抄录了一些，送请一看是否有抄错的。其中有一个问题略有疑点（不是基本的不同），请你再考虑一下，详情当面告诉。今日何时有暇，我来看你。"[1]

毛泽东充分利用了同江西时期和长征途中比较要好一些的客观条件，"如饥如渴"地阅读当时他能得到的理论著作，研究马克思主义理论，特别是马克思主义哲学。他这种研究的特点，就是联系中国革命的实践，把中国革命曲折发展的历史经验教训提到思想方法和思想路线上，提到认识论和辩证法上来总结。他对所读的哲学著作的批注中，鲜明地表现了这种特点。他写《实践论》《矛盾论》和整个《辩证法唯物论（讲授提纲）》，就是为了这个目的。对这些著作的阅读和批注，有许多就是写作《实践论》等的直接准备。

写作《实践论》《矛盾论》，并不是毛泽东研究哲学的结束，而是他研究哲学的新的开始。前面引的"读书日记"和《艾著

---

〔1〕《毛泽东书信选集》，中央文献出版社 2003 年 11 月版，第 102 页。

〈哲学与生活〉摘录》，就已表明了这一点。一九三九年一月十七日，毛泽东给何干之写信说："我的工具不够，今年还只能作工具的研究，即研究哲学、经济学、列宁主义，而以哲学为主。"[1]同样表明了这一点。

延安时期是民主革命中我们党在理论上达到成熟的时期。如果说，那以前我们党在理论上准备不足的话，经过延安时期以毛泽东为主要代表进行的系统总结中国革命历史经验、系统阐明党的纲领和策略的理论建设工作，经过延安整风，党为指导中国民主革命达到胜利从容地做好了理论的准备。

延安整风一方面纠正了"中国的主观主义者在脱离实践的提倡社会科学理论之重要性"的偏向，一方面也强调了联系中国革命实践学习和研究理论的重要性。整风学习文件中关于这方面的许多论述，是大家所熟习的。整风前后，毛泽东在延安组织学习哲学，并在新哲学会第一届年会上指出"中国革命有了许多年，但理论活动仍很落后，这是大缺憾"，强调"如不提高革命理论，革命胜利是不可能的"。这些情况，已有文章专门介绍[2]，这里就不详细复述了。下面再介绍几件关于组织

〔1〕《毛泽东书信选集》，中央文献出版社 2003 年 11 月版，第 123 页。

〔2〕温济泽:《毛泽东同志在延安是怎样教导我们学哲学的》。见《学习与思考》1982 年第 4 期。

编译和学习马列著作的事情。

一九四二年九月十五日，毛泽东写信给当时的中宣部代部长凯丰："整风完后，中央须设一个大的编译部，把军委编译局并入，有二三十人工作，大批翻译马、恩、列、斯及苏联书籍，如再有力，则翻译英、法、德古典书籍。我想亮平在翻译方面曾有功绩，最好还是他主持编译部，不知你意如何？不知他自己愿干否？为全党着想，与其做地方工作，不如做翻译工作，学个唐三藏及鲁迅，实是功德无量的。"〔1〕

一九四二年十一月，毛泽东在西北局高干会上讲斯大林论《布尔什维克化》十二条时提出：我们要注重理论，高级干部要准备读书，从《共产党宣言》起到《季米特洛夫文选》止，选三四十本。我们有这样丰富的经验，有这样长的斗争历史，要能读一二十本到三四十本马恩列斯的书，就把我们的党大大地武装起来了。

一九四三年四月二十二日，毛泽东又写信给凯丰："惟译、著方面（译是马列，著是历史），须集几个人来干，期于有些成绩。"〔2〕

总之，这里收集和介绍了民主革命时期的一批材料，目的

〔1〕《毛泽东文集》第2卷，人民出版社1993年12月版，第441页。
〔2〕《毛泽东文集》第3卷，人民出版社1996年8月版，第15页。

是要用这些事实从历史方面来说明，那种认为《实践论》代表着“否认理论”的“狭隘经验论”倾向的观点是不合乎实际的。《实践论》从哲学上深刻地阐明了马克思列宁主义理论必须同中国革命实际相结合的原则，指导和代表着我们党理论建设工作的正确方向。

# 关于毛泽东读哲学书的几封信

龚育之

在《从〈实践论〉谈毛泽东的读书生活》一文中，介绍了毛泽东读理论书特别是读哲学书的一些情况，包括他谈到这方面问题的几封信。这篇札记，是它的续篇，补充介绍其中没有提到的几封信。

## 关于思想方法论

一九四一年九月二十九日毛泽东亲自起草，以中央研究组组长毛泽东、副组长王稼祥的名义，给中央研究组及高级研究组各同志写了一封信。根据理论与实际联系的研究方针，信中提出："关于实际方面的材料，请各同志看六大以来的文件"，"关于理论方面，暂时以研究思想方法论为主"。[1]

学习理论，学习哲学，"以研究思想方法论为主"，这是我们党创造的一条很好的学习经验。马克思主义哲学的一个重要

〔1〕《毛泽东书信选集》，中央文献出版社 2003 年 11 月版，第 171 页。

特点，就是世界观、认识论和方法论的统一。毛泽东思想对马克思主义哲学的一个独到贡献，就是充分地体现和发挥这种统一，把马克思主义哲学化为中国共产党人和中国人民在革命实践中掌握和运用的科学的思想方法和工作方法。

恩格斯说："马克思的整个世界观不是教义，而是方法。它提供的不是现成的教条，而是进一步研究的出发点和供这种研究使用的方法。"〔1〕

毛泽东更是特别强调这一点。他的《反对本本主义》和《实践论》《矛盾论》，都是致力于解决党的干部的思想方法问题。在延安整风中，尤其明确地向全党提出了这个问题。延安整风，首先是整顿学风。学风问题，按照毛泽东《整顿党的作风》一文给的定义，就是"领导机关、全体干部、全体党员的思想方法问题"。延安整风，一般说是一九四二年开始的。从准备和领导上说，则是一九四一年开始的。

一九四一年五月，毛泽东作报告，鲜明地提出了"改造我们的学习"的任务，尖锐地批评了党内盛行过的主观主义的思想方法（这是过去党的领导上几次犯重大错误的思想根源），深刻地阐明了一个非常重要的命题：学习马克思主义，不应该

〔1〕《恩格斯致威·桑巴特》(1895 年 3 月 11 日)。《马克思恩格斯选集》第 4 卷，人民出版社 1995 年 6 月版，第 742、743 页。

搬用它的个别词句、个别结论，而是要学它的立场、观点和方法。这就在党的干部，首先是党的领导层中，引起很大的思想震动。随后，中共中央在七月一日作出关于增强党性的决定，在八月一日作出关于调查研究的决定。八月末，中央书记处议定要编辑马恩列斯反主观主义、形式主义的言论，并为加强中央对全党思想的领导，由中央同志组织思想方法的学习小组，以毛泽东为组长。九月初议定这个组除研究马恩列斯著作外，同时研究六大以来的中央文件，并确定王稼祥任副组长。接着中央政治局连续召开扩大会议，检讨党在历史上特别是第二次国内革命战争时期的政治路线问题。九月二十六日，中央决定成立高级学习组，成员为中央、各中央局、中央分局、区党委或省委的委员，八路军新四军各主要负责人，各高级机关某些干部，各高级学校某些教员，计划首先“研究马、恩、列、斯的思想方法论与我党二十年历史两个题目，然后再研究马、恩、列、斯和中国革命的其他问题，以达克服错误思想（主观主义及形式主义）、发展革命理论的目的”。[1]

九月二十九日这封信，就是在这样的情况下写的。

“请各同志看六大以来的文件”，看哪些文件呢？随信另单

---

〔1〕《毛泽东年谱（1893—1949）》中卷，中央文献出版社 2002 年 8 月版，第 329 页。

开列了要目，共七十篇，其中列为最低限度选读篇目的共四十篇。（这个篇目后来补充调整为八十三篇。到十二月，中央书记处编成《六大以来》这部大书，共汇集文件五百多篇，翌年十月，又编成《六大以前》，收文件近二百篇。这么多文件，当然不可能大家都读。一九四三年中央书记处编印的《两条路线》一书，共选文件一百三十二篇，所选文件的时间往前推到大革命时期，往后延到一九四三年。）

“研究思想方法论为主”，是为了在检讨历史时获得理论的、主要是思想方法的指导，把历史经验教训的总结提到思想方法的高度上来。读哪些书呢？信中开列了四本，“请各同志首先看”这四本书。

第一本是列宁的《“左派”幼稚病》。值得注意的是，毛泽东推荐这本书，不单是要求大家从中学习政治理论，着重是要求大家通过这本书来学习思想方法。的确，学习思想方法，不能限于读专门讲思想方法的书。通过读马克思的《资本论》和列宁的《“左派”幼稚病》这类经济学著作和政治著作，读毛泽东的一些政治著作和军事著作，人们不仅可以学到马克思主义的经济理论、政治理论和军事理论，而且可以从这些具体运用的典范中学习马克思主义的思想方法。从某种意义上说，这是学习思想方法的更好的途径。

直接讲认识论、讲思想方法的书，信中推荐了两种：“艾译《新哲学大纲》第八章‘认识的过程’(即《哲学选辑》第四章)”;“李译《辩证唯物论教程》第六章‘唯物辩证法与形式论理学’”。

《新哲学大纲》是苏联大百科全书中“辩证法唯物论”这个条目，米丁、拉里察维基等十二人分担写作，艾思奇、郑易里译。据艾思奇译序里介绍，书中第八章对于人类的认识过程的具体的阐明，“使我们对列宁的辩证法、认识论和逻辑的统一的思想得到极明确的理解”，“是现阶段的一切新哲学著作里都不曾有过的”。《哲学选辑》是艾思奇从当时苏联和中国的几种“新哲学著作”中分别选取其中较为专长的部分编辑而成的，它的第四章便是选取的《新哲学大纲》的第八章。《哲学选辑》也是毛泽东仔细阅读和作了许多批注的一部哲学书。

《辩证法唯物论教程》，是苏联西洛可夫、爱森堡等六人合写的著作，李达、雷仲坚译。前篇介绍过，毛泽东曾两次细读这本书，作了许多批注。“唯物辩证法与形式论理学”这一章，与《新哲学大纲》“认识的过程”一章内容相当，也是讲辩证法、认识论和逻辑的统一的。毛泽东批阅这本书时，在这一章上作了不少批注，特别是联系中国实际写了许多批评“中国的主观主义者”“中国的教条主义者”“延安的形式主义者”的话，说他们一般是脱离个别(脱离实际)的，他们不能指出矛盾的指导方面（决定方面），他们也带有形式主义性质，他们不注意具体特点，要把主观构成的东西当作特点（抽象的特点、没有客观实在性的特点），他们在脱离实践地提倡社会科学理论之重要性，等等。这本书同当时苏联的其他许多哲学书一样，在批评形而上学的思想方法时，往往把形式逻辑（形式论理学）同形而上学混为一谈。直到五十年代初，斯大林发表《马克思主义和语言学问题》以后，苏联哲学界重新讨论形式逻辑问题，才纠正了这种偏颇的观点。毛泽东的《矛盾论》，原来也有“形式论理的同一律与辩证的矛盾律”一节，其中也反映了这种混为一谈的情况。《矛盾论》收入《毛泽东选集》公开发表的时候，作者讲明“作了部分的补充、删节和修改”。删节，主要就是删去了这一节。

第四本被推荐的书是河上肇《经济学大纲》的“序说”。河上肇是日本的马克思主义理论家，《经济学大纲》是他的流传很广的介绍马克思《资本论》的著作，由陈豹隐译成中文。推荐这本书的“序说”，不是从经济学的角度，而是从思想方法的角度。因为这个“序说”是讲“经济学的研究对象及出发点”和“研究方法”的。

毛泽东在《改造我们的学习》中高度评价了《苏联共产党（布）历史简要读本》。可是，在开列研究思想方法论的学习篇目时，并没有特别推荐斯大林为这个《简要读本》写的第四章

第二节“论辩证唯物主义和历史唯物主义”，这一点是很耐人寻味的。斯大林这篇文章有许多精辟之处，但认识论在其中几乎没有位置，辩证法也讲得很缺乏色彩，不能不认为是一个很大的缺点。

一九四二年二月，中共中央作出“关于在职干部教育的决定”。关于高级及中级干部学习理论，规定“其学习范围分为政治科学、思想科学、经济科学、历史科学等项”。“思想科学”——这是一个很新颖的提法。提“思想科学”，恐怕不单是为了行文上与“政治科学”“经济科学”“历史科学”等提法相比照而求得匀称，它本身也表明对哲学和对学习哲学要抓住哪个环节的一种看法。哲学当然不能完全归结为研究思想和思想方法，但突出对思想和思想方法的研究，的确很有见地。“决定”再一次强调：“思想科学以马克思主义的思想方法论为理论材料，以近百年中国的思想发展史为实际材料。”[1]四月，毛泽东建议编选的马克思、恩格斯、列宁、斯大林《思想方法论》一书编成。这是一本编得很有特色的书。后来，中央定出干部必读十二本，《思想方法论》是其中的一种。

〔1〕《中共中央文件选集》第13册，中共中央党校出版社1991年6月版，第351页。

# 关于社会发展史

一九四三年十二月二十日毛泽东给胡乔木一封信："请你就延安能找到的唯物史观社会发展史，不论是翻译的，写作的，搜集若干种给我。听说有个什么苏联作家写了一本猴子变人的小说，我曾看过的一本赖也夫斯基的社会学，张伯简也翻过（或是他写的）一本《社会进化简史》，诸如此类，均请收集。"〔1〕

四天之后，毛泽东给刘少奇一封信，送去一九三〇年上海泰东图书局出版的恩格斯的《从猿到人》（郭烈夫编，成嵩译）。信中说："此书有恩格斯两篇短文，十分精彩，可以看。郭烈夫的一篇亦可一阅。郭烈夫的《唯物论》，瞿秋白曾有译本，我看过，还好，后来听说他犯有错误，我还不知其错误究竟在何处。我正在找其他唯物史观的书看，看后再送你。"〔2〕

延安整风在一九四二年广泛展开以后，一九四三年曾插入一段审干运动。一九四三年十月，中央决定党的高级干部重新学习理论和研究党的历史，整风进入总结提高的阶段。毛泽东多次说过，整风后高级干部要准备读书，读马列的书。从这两封信可以窥见当时中央领导人读书生活的一斑。那时读书受"延

---

〔1〕《毛泽东书信选集》，中央文献出版社 2003 年 11 月版，第 195 页。
〔2〕 同上书，第 196 页。

安能找到”的限制，在这个范围内，为找书读是作了最大限度的搜求的。

把社会发展史作为历史唯物论的入门，这也是我们党创造的一条很好的学习经验。

两信提到的几本书中，张伯简的《社会进化简史》是出得最早的一本，一九二五年国光书店印行。是译，是写？原书没有说明。但称张为“编纂者”，从行文流畅以及偶有一两句联系中国社会史的话来看，可以判断不是直接翻译的，而是根据某一种或几种外国书编写的。书后附一详细的“各时代社会经济结构原素表”。瞿秋白在他所译的郭烈夫书的附注里写道：关于社会发展的历史“可以参看张伯简所译的‘各时代社会经济结构原素表’。这个附注说明张这本书是当时受到注意的有用的书，很可能是据某一本外国书译写的。（一九二四年，民智书局还出版过蔡和森的《社会进化史》，它是蔡在上海大学的讲义。）

瞿秋白译注的郭烈夫的书，一九二七年新青年社出版，书名是《无产阶级之哲学——唯物论》。一九三〇年明日书店重新出版时，把书名改为《唯物史观的哲学》，译者改署为“屈章”。但这本书并不是专讲历史唯物论，而是通讲马克思主义哲学的。郭烈夫从一八九三年参加俄国革命运动，一度是孟什维克，一九二〇年退出孟什维克，专门从事教学和研究。三十年代初他关于战争史的著作在报刊上受到批评。

赖也夫斯基的《唯物的社会学》，陆一远译，一九二九年新宇宙书店出版，是讲历史唯物论的。

毛泽东认为“十分精彩”的“恩格斯两篇短文”，都是《自然辩证法》一书中的。一篇是《劳动在从猿到人转变过程中的作用》，一篇是从《〈自然辩证法〉导言》中节录的一段，另拟了一个篇名《人类进化的过程》。郭烈夫将这两篇文章，同他自己写的《马克思主义观点的达尔文主义》一篇长文放在一起，编成一本书。《从猿到人》这篇文章，在成嵩之前，已有陆一远的译本，书名为《马克思主义的人种由来说》，一九二八年春潮书店出版。《自然辩证法》的第一个全译本，是杜畏之译的，一九三二年神州国光社出版。后来，于光远在延安重新翻译《自然辩证法》，先由解放社出了《从猿到人》这一篇的单行本，也将《导言》中的那段“人底进化过程”附入。于译本《从猿到人》，全国解放初曾广泛印行。可以说，这篇文章是《自然辩证法》中译成中文最早、在我国流传最广、影响最大的一篇。

我听于光远说过，毛泽东在延安曾提议在干部教育中要学社会发展史和自然发展史。这个提议是很有道理的。建立马克思主义的世界观和人生观，要学习和研究自然界的发展，要学习和研究社会的发展。历史唯物论从社会发展史讲起，不是从几个定义、几条规律出发，而是从人类社会历史发展过程的叙述和分析中提出历史唯物论的基本原理来，显然是较好的方法。同样，自然辩证法从自然发展史讲起，不是从几个定义、几条规律出发，而是从自然界历史发展过程和人类对自然界认识的历史发展过程中来讲自然辩证法的基本原理，也就是说，把自然辩证法、自然发展史、自然科学史以至技术发展史结合起来，显然也有很大的优点。恩格斯的《〈自然辩证法〉导言》不就是讲了一篇自然观发展史，并且根据当时的自然科学成果，很概略地用辩证法观点描述了自然界发展的历史吗？

《从猿到人》，可以说是自然发展史的最后一章，同时，又是社会发展史的第一章，正好是自然发展史同社会发展史的结合部。恩格斯本来打算写一本《奴役的三种形式》（奴隶制、封建农奴制和资本主义雇佣劳动制），这其实就是一本社会发展史。《从猿到人》本来是这部著作的导言。后来恩格斯放弃了写《奴役的三种形式》的计划，就把这篇导言手稿归入总题为《自然辩证法》的一束手稿之中。这个情况很好地说明了自然发展史同社会发展史的联系。

毛泽东一九六四年在批评停止、悲观、无所作为和骄傲自满的论点时，指出这些论点都是错误的，因为它们不符合上百万年以来人类社会发展的历史事实，也不符合迄今为止我们所知道的天体史、地球史、生物史和整个自然界发展的历史事实。这段话可以作为毛泽东重视学习社会发展史和自然发展史的一个印证。

毛泽东关于学习社会发展史的建议，从延安以来就照着做了。后来中央规定干部必读十二本,就有一本《社会发展简史》,是根据一些外国书编写出来的。全国解放初期，在全国人民首先是知识分子中广泛开展了马克思主义的启蒙学习。学社会发展史，学“猴子变人”（这当然是一种通俗但不确切的说法），形成热潮。毛泽东在《不要四面出击》一文中讲道，对知识分子“要让他们学社会发展史、历史唯物论等几门课程”；他还说：唯心论者讲上帝造人，“我们讲从猿到人”。[1]艾思奇那时为适应这一学习需要而写的一本书，就叫《社会发展史——历史唯物论》。这个学习对于五十年代青年知识分子确立革命的世界观和人生观，决心投身宏伟的共产主义事业，为劳动人民服务，为社会的解放和进步服务，是起了重要的作用的。

## 关于哲学通俗读物

毛泽东很重视哲学通俗读物。给胡乔木的信中说到他“听说有个什么苏联作家写了一本猴子变人的小说”，要找来看看，

〔1〕《毛泽东文集》第6卷，人民出版社1999年6月版，第74页。

便是一例。这是指《人怎样变成巨人》这部书，它是讲人类发展史（包括从猿到人）的通俗读物，用了生动的文学笔调（但还不好说是小说），作者是苏联的伊林和谢加尔。一九八三年，北京科普创作界还开过伊林的纪念会。

毛泽东几次提到艾思奇的《大众哲学》。前篇介绍过他曾经在一九三六年十月二十二日给当时在西安的叶剑英、刘鼎去信，“要买一批通俗的社会科学自然科学及哲学书”，“要经过选择真正是通俗的而又有价值的（例如艾思奇的《大众哲学》、柳湜的《街头讲话》之类）”。一九四一年一月三十一日他给当时在苏联的两个儿子去信[1]，并给他们和同他们在一起的“所有小同志”送去一批文学、历史、哲学书，其中就有一本《大众哲学》。

毛泽东对李达的《〈实践论〉解说》也很赞赏。一九五一年三月二十七日在给李达的信中说：“这个《解说》极好，对于用通俗的言语宣传唯物论有很大的作用。”“关于辩证唯物论的通俗宣传，过去做得太少，而这是广大工作干部和青年学生的迫切需要，希望你多多写些文章。”[2]一九五四年十二月二十八日给李达的另一封信中又说：“你的文章通俗易懂，这

〔1〕《毛泽东书信选集》，中央文献出版社 2003 年 11 月版，第 152 页。
〔2〕同上书，第 375 页。

是很好的。在再写文章时，建议对一些哲学的基本概念，利用适当的场合，加以说明，使一般干部能够看懂。要利用这个机会，使成百万的不懂哲学的党内外干部懂得一点马克思主义的哲学。”〔1〕

一九六〇年，毛泽东写给他身边的工作人员林克一封信："冯契著《怎样认识世界》一书，中国青年出版社印行，一九五七年出版，我想找四、五、六、七、八本送给同我接近的青年同志阅读。请你找一找。如找不到此书，则找别的青年人能够阅读的哲学书，要薄本小册子，不要大部头。”〔2〕

哲学通俗读物的重要性，是由马克思主义哲学的本性所决定的。这种哲学是为无产阶级和劳动人民服务并要为他们所掌握的，它必须“从哲学家的圈子走到广大人民群众中间去”。而哲学，又是探讨最一般规律，具有最高的概括程度和抽象程度的，因此又最不易懂。这样就产生了马克思主义哲学的通俗宣传的重要任务。抓住思想方法论来学哲学，从社会发展史来学历史唯物论，就一个方面的意义来说，也可以说是有利于通俗宣传，有利于广大干部和群众接触和掌握。文字表达和体裁形式的通俗化，也非常重要。一本《大众哲学》，曾经在抗战

〔1〕《毛泽东书信选集》，中央文献出版社 2003 年 11 月版，第 449 页。
〔2〕 同上书，第 529 页。

前到解放初的几茬进步青年中发生影响，就足见其重要性。

要哲学书为青年和群众所愿读，所爱读，单是文字表达的通俗易懂还不够，更重要的是要真正科学地、准确地（而不是简单地、庸俗地）运用和发展马克思主义哲学去探讨和分析当前人们所关心的从政治、社会、科学到生活的各个方面的新的实际问题。一九八三年通俗政治读物评奖，有几本哲学书得奖，都是值得称道的成果。

组织老一辈的、中年的和青年一代的马克思主义的理论工作者，努力写出更多“真正的通俗的而又有价值的”，具有吸引力而为群众所爱读的理论书籍；通过各种报刊和其他途径，热心地向群众推荐和评介好的书籍；运用各种形式（包括组织各种读书会，组成读书会网），在群众中开展和推进读书活动——这些，都是要我们认真去做的工作。

# 对几本哲学书籍的批注

田松年

延安时期，是毛泽东在哲学领域里劳作最勤、收获最丰的时期。在写作《实践论》《矛盾论》和整个《辩证法唯物论（讲授提纲）》的前后，他在读过的许多哲学书上留下了大量的批注。

当时的延安，书籍奇缺，哲学著作就更少了。他读的哲学书，有经过长征带在身边的，有中央书记处图书资料室提供的，有向周围同志借来的，也有别人赠送的。现在保存下来的他读过的一些哲学书，有的上面至少有两三个笔迹不同的人写的批语。毛泽东在到处寻找哲学书阅读。

毛泽东在延安阅读的马克思主义哲学经典著作，主要有：恩格斯的《反杜林论》，列宁的《唯物论与经验批判论》，列宁《关于辩证法的笔记》，普列汉诺夫的《论一元论历史观之发展》等。此外，他还读了不少中外哲学和哲学史著作，如中国古代的诸子百家，古希腊的哲学家，斯宾诺莎、康德、黑格尔、费尔巴哈和苏联哲学家西洛可夫、米丁以及李达、艾思奇等人的哲学著作。令人惋惜的是，经过战乱，他读过的这些书有一部分已经散佚，不可复得了。

## 系统研读哲学教科书

根据目前所掌握的情况，现在保存下来的毛泽东在延安读过并且留有文字批注的哲学书籍，有下列七种（八本）:《辩证法唯物论教程》(第三版和第四版)[1],《辩证唯物论与历史唯物论》(上册)[2],《辩证唯物论与历史唯物论》[3],《马克思主义经济学基础理论》[4],《社会学大纲》[5],《思想方法论》[6],《哲学选辑》。[7]他还很可能在米丁等人著的《新哲学大纲》、艾思奇著的《大众哲学》和《哲学与生活》上留下批注，但他读过的这三本书迄今都没有找到。

上述保存下来的八本书中，批注多且重要的有五本。根据批注的内容、笔迹的先后、版本的日期及毛泽东本人在书后及

---

〔1〕苏联西洛可夫、爱森堡等合著，李达、雷仲坚合译，上海笔耕堂1935年6月第3版，1936年12月第4版。

〔2〕苏联米丁等著，沈志远译，商务印书馆1936年12月初版。

〔3〕系《联共(布)党史简明教程》第4章第2节，博古译，中国出版社1938年12月初版。

〔4〕分上、下两篇，日本河上肇著，李达等译，上海昆仑书店1930年11月第2版。

〔5〕李达著，上海笔耕堂1937年5月初版。

〔6〕艾思奇著，上海生活书店1937年1月第2版。

〔7〕艾思奇编，延安解放社1939年5月第1版。

“读书日记”中记载的批读时间等多方面综合考察，它们的批读顺序应当是：

《辩证法唯物论教程》（第三版），一九三六年十一月——一九三七年四月，这是毛泽东本人在该书末页的背面记下的批读时间。

《辩证唯物论与历史唯物论》（上册，米丁等著），一九三七年内，八月以前。

《社会学大纲》，一九三八年一月十七日——三月十六日，这是毛泽东在“读书日记”里记下的读书批注时间。也有可能在这之前，即一九三七年五月出版后不久就读到了此书，但目前留下的批注是这个时间的。

《哲学选辑》，一九三九年五月该书出版以后。

《辩证法唯物论教程》（第四版），从毛泽东读该书的批注内容来看，其中提到“三三制”“三月参政会”等，因此，读这本书当在一九四一年三月以后。

五本书的批注，只有头两本，即《辩证法唯物论教程》（第三版）和《辩证唯物论与历史唯物论》（上册），在文字和内容上与《实践论》和《矛盾论》有直接的联系。

毛泽东的批注，可分为文字批语和读书符号两大类。在五本书篇页的天头地脚、边白中缝和段末行间，他总共写下约两万字的批语。其中尤以《辩证法唯物论教程》（第三版）为最多，在一万二千字左右。这本书中最长的一条批语，有一千二百字左右。

这些批语，有对原文内容的复述、提要、归纳、概括及发挥，有对原文观点的臧否和疑问，也有自己提出的独立见解。例如，毛泽东从《辩证唯物论与历史唯物论》（上册）的原文提取和复述了这一句话："认识物质，就是认识物质的运动形式。"这表示他注意到这个观点，这句话后来也写进《矛盾论》里了。对于《哲学选辑》中的一章里所说的旧唯物论的历史局限性表现为三大特点：机械性、形而上学性和历史观上的不彻底性，他批道："只有两大特点。"[1]似乎认为机械性实际上是形而上学性的一种表现，应归并到形而上学性之中。

批语中较多的，是他联系中国革命实际写下的学习心得和研究成果。阅读了教科书上关于外的矛盾和内的矛盾，即后来他在《矛盾论》中表述为外因和内因关系的原理后，毛泽东用以总结第二次国内革命战争的教训，在《辩证法唯物论教程》（第三版）上的批注中说，五次反"围剿"失败，敌人的强大是原因，但当时的军事冒险政策是主要原因，机会主义是革命失败的主要原因。外的力量须通过内的规律性（机会主义等）才能曲折间接地发生影响。中央苏区、鄂豫皖苏区被破坏，主要的是内的原因。

---

〔1〕《毛泽东哲学批注集》，中央文献出版社 1988 年 3 月版，第 326 页。

毛泽东抓住《辩证法唯物论教程》一书中提出的“矛盾的主导方面”的概念，结合中国的实际情况作了发挥。他认为不仅矛盾的主要方面起决定作用，而且在一定条件下，矛盾的主要方面和次要方面会互相转化。他据此在这本书第三版上的批注中指出：“在中日对抗的局面中，中国的因素正在由次要地位向主要地位转变中，因为民族统一战线如果广大地与坚固地建立起来，加上国际的因素（苏联、日本民众、其他和平国家），就有造成优于日本方面之势。”[1]后来，在其名著《论持久战》里，他进一步阐述了这个思想，详尽地分析和对比了中日双方的特点和双方的强弱程度、优劣形势随战争过程延长发生的变化，做出了抗战是持久的，并必将获得最后胜利的结论，对全民族坚持抗战到胜利起了巨大的指导作用。

毛泽东在所读的书上还留下了许多符号，它们有：△、○、—、×、√、斜线、方框、竖的波浪线、单杠线、双杠线甚至三杠线，还有顿点和问号。这些符号往往也反映出他在读书当中的某种意图和倾向，对于理解他的思想是有帮助的。特别是问号，直接显示了他对某个观点的怀疑或反对，深思与不解。《辩证法唯物论教程》（第三版）中有一段话：“否定的本质，否定之否定的本质，都在于它是过程之充满了矛盾的发展中的

〔1〕《毛泽东哲学批注集》，中央文献出版社 1988 年 3 月版，第 89 页。

动因。”毛泽东在这段话旁边打了个问号，对这种说法表示怀疑。毛泽东批在书上的问号非常之多，有的一页多达四五个。有些问号已被他用短斜线画去，这表示他后来已理解或肯定了书上的说法。

毛泽东的批语和符号，是用铅笔和毛笔写的；书上很多地方圈点细密，杠画不断，字句连绵；圈旁有圈，杠外加杠，字上叠字（铅笔字上叠写毛笔字）；铅笔字的颜色和硬度有不同，毛笔字的墨迹也深浅互见。毛泽东的这些批语和符号使人想见，他在艰苦的条件下和百忙的工作中是多么认真仔细、逐字逐句地多次阅读了这些书，他学习和研究马克思主义哲学是多么的刻苦精勤！

五本书上的批语向我们显示出的情况完全符合一般学习的规律：较早读的书上批语多且具体，往后读的书上批语较少且较原则；较早批语中的转述、摘要和说明的东西占较大的比例，后来的批语则研究性、独创性的见解逐渐加多，结论、命题式的东西时有所见；前面的批语对某些问题和观点的看法还显得不那么清楚和有把握，后面批语的思想则比较明晰、成熟些。例如，在《辩证法唯物论教程》（第三版）的批注里，毛泽东大体接受并沿袭了教科书关于否定之否定规律的一些说法；在《哲学选辑》的批注里他则对此发表了不少个人的见解。他认为，说一过程内部有质变三阶段是不对的，发生、发展、消灭是一个过程的事，每个过程都有这三阶段。每一过程对下一过程言是肯定，对上一过程言是否定，对再上一过程言是否定之否定。这就明确表示出他认为否定之否定规律讲的是过程与过程之间的转换变化，而不是过程之内阶段之间的变化发展。毛泽东在这里对否定之否定规律表达的异见，使我们可以看到，他在建国后认为否定之否定规律可以在对立统一规律中予以说明，没有什么否定之否定，只有肯定与否定的对立统一的思想，是其观点一种合乎逻辑的发展。

毛泽东的批语，主要是写在几本哲学教科书上面的。由于教科书的全面性、系统性和基础性，他的批语也追踪到哲学的许多方面、许多观点和问题。各本教科书大多讲述着同样的原理、范畴和规律，他在不同书上的批注，有时也重复涉及同一个内容，使我们能够集中地了解他对某个哲学问题的观点，甚至看到在这个问题上他的观点的变化发展。例如，关于矛盾的同一性和斗争性的相对、绝对问题，他在《辩证法唯物论教程》（第三版）的批注中说，“一切过程矛盾的运动，同一是相对的，斗争是绝对的，这是任何过程如此”。[1]在《哲学选辑》的批注中，他对这个问题的说明有了发展，变得更加全面和辩证了。他指出：“依一时说，统一是绝对的，斗争是相对的；依永久说，

〔1〕《毛泽东哲学批注集》，中央文献出版社1988年3月版，第92、93页。

统一是相对的，斗争是绝对的。绝对谓占统治地位。”[1]这就是说，同一性和斗争性的相对和绝对，在一定的条件下（时间的久暂）是互相转化的；在不同的条件下，同一性或斗争性都能在事物发展中起支配性的作用。毛泽东的这个批注，有助于人们更完整、准确地理解《矛盾论》中的有关思想，澄清学术界在这方面的争论。

毛泽东的许多批语包含的观点和思想，是他公开发表的哲学论著中没有或少见的。如他总结哲学史上的众多派别、思想，在《辩证法唯物论教程》（第四版）的批注中，认为可以区分为唯心辩证、唯心形式、唯物形式、唯物辩证四种。四者之中，只有最后一种是正确的。对于中国哲学史上儒家的“中庸”观念，他在《哲学选辑》的批注里指出其合理性在于肯定事物质的安定性，从这个意义上说它是辩证法的一要素。但“中庸”整个地是反辩证法的，因为它害怕量变引起质变，用两条战线斗争的方法维持旧质不变，把旧质绝对化。所以“中庸”是维持封建制度的方法论，是孔子主义即儒家思想的基础。关于认识的两个过程，他在《辩证法唯物论教程》（第四版）的批注里提出：“在认识过程，个别决定普遍；在实践过程，普遍决定个别。”[2]

---

〔1〕《毛泽东哲学批注集》，中央文献出版社 1988 年 3 月版，第 374 页。
〔2〕同上书，第 427 页。

这种运用矛盾问题精髓的原理来分析由认识和实践这对矛盾运动变化产生的两个认识过程的做法，也是十分独特的，值得人们进一步探讨。关于辩证法的一些范畴，毛泽东有自己独到的见解，例如他在《哲学选辑》的批注里认为，“根据即基本矛盾”，“次要矛盾与外的矛盾都是条件”。[1]从矛盾的角度如此给根据和条件这对范畴下定义，是过去无人做过的。此外，对质量互变规律、过程和阶段的问题等，毛泽东都有不少新看法。这些批语对全面、深入地认识毛泽东哲学思想的全貌及内涵，是弥足珍贵的。

从毛泽东在延安时期留下的两万字的批注内容来看，大致包括哲学基本理论、中国哲学史和西方哲学史上的问题。在哲学原理方面，批注主要集中在认识论和辩证法上，这两部分是毛泽东全部批注的核心和主体。在认识论里，关于认识运动的过程和阶段、主客体辩证关系、实践观，是批注较多的问题。辩证法方面批注较多的有：对立统一、质量互变和否定之否定三大基本规律，内因与外因、可能性与现实性、本质与现象、根据与条件等基本范畴。与认识论和辩证法问题相联系，毛泽东从思想方法论的角度对各种机会主义、教条主义、主观主义和其他错误倾向加以评析的批注，也有相当的数量。

〔1〕《毛泽东哲学批注集》，中央文献出版社 1988 年 3 月版，第 385、386 页。

## 继续探讨哲学问题

一九三七年九月，毛泽东在读了艾思奇著的《哲学与生活》一书后，作了约三千字的辑录。从辑录可看出，他并非原文摘引艾思奇的观点，而是在文字叙述上有变化，内容上有增改。对艾文中“差别不是矛盾”的观点，他有不同看法，却十分客气地称是“略有疑点”，写信给艾思奇，准备登门面商。在给艾思奇的信中毛泽东还指出，“你的《哲学与生活》是你的著作中更深刻的书，我读了得益很多”。[1]艾思奇当时年仅二十七岁，毛泽东作为一个全党领袖，如此认真阅读一个青年同志的理论著作，充分表现出他谦逊好学和对哲学的探索精神。

在《毛泽东书信选集》里发表的一九三九年二月毛泽东给张闻天、陈伯达的三封信，都是评论陈伯达关于中国哲学史的论文的。其中论孔子哲学思想的一篇，毛泽东在一九三九年二月一日到二十二日前后很短的时间内看了三遍。这三封信共有四千多字，谈了不少对中国哲学史和哲学原理上的一些问题的看法。信中谈的中庸问题，两条战线斗争问题，质和属性的关系问题，与他在同年五月出版的《哲学选辑》上的批注，有密切的联系，反映了毛泽东对哲学问题一贯所取的研究态度。

---

〔1〕《毛泽东书信选集》，中央文献出版社 2003 年 11 月版，第 102 页。

毛泽东在延安时期的哲学批注和辑录等，是他留给我们的一份宝贵的哲学遗产，是毛泽东为革命发愤读书的生动的历史见证，是他在研究马克思主义哲学的道路上不断前进成长的一个记录和缩影，也是毛泽东哲学思想宝库里一笔重要的精神财富。

解放后，毛泽东仍然挤出时间，孜孜不倦地阅读各种哲学书籍和期刊。

毛泽东读任继愈主编的《中国哲学史》（第三册）时，非常注意该书对于华严宗思想的分析。该书认为，华严宗承认个别与一般有内在联系，有一点辩证法；但它又唯心主义地夸大、吹涨了个别与一般的联系，把这种联系绝对化，抹杀个别的存在。毛泽东在这段话旁边批道："何其正确。"他还批道："相对中有绝对，绝对只存在于相对之中，普遍只存在于个别之中，永恒只存在于暂时之中，离开这些来谈什么客观辩证法，……岂非自相矛盾。"〔1〕

在李达主编的《马克思主义哲学大纲——唯物辩证法》（一九六五年内部讨论稿）的第三章第一节开始，他写下了一条较长的批语，表达了他对唯物辩证法体系的看法。他指出："辩证法的核心是对立统一规律，其他范畴如质量互变、否定

〔1〕《毛泽东哲学批注集》，中央文献出版社 1988 年 3 月版，第 499 页。

之否定、联系、发展等等，都可以在核心规律中予以说明。盖所谓联系就是诸对立物（Anorise）间在时间和空间中互相联系，所谓发展就是诸对立物斗争的结果。至于质量互变、否定之否定，应与现象本质、形式内容等，在核心规律的指导下予以说明。旧哲学传下来的几个规律并列的方法不妥，这在列宁已基本上解决了，我们的任务是加以解释和发挥。至于各种范畴（可以有十几种），都要以事物的矛盾对立统一去说明。例如什么叫本质，只能说本质是事物的主要矛盾和主要矛盾方面。如此类推。”〔1〕他的以对立统一规律指导说明其他规律和范畴的思想，在延安时期的读书批注中已有突出的表现，这里把他的这个思想明确上升到理论原则的高度提出来了。在这本书谈两种发展观的根本对立的问题的旁边，他批道：“不必抄斯大林。”〔2〕联系到延安时期他在博古译的斯大林《辩证唯物论与历史唯物论》上的批注少，疑问多，标出原文的要点多，自己的说明发挥几乎没有等情况来看，他对斯大林的这个哲学体系评价不是很高。

对于哲学期刊上的文章，毛泽东也时常留意。在读了赵纪彬发表在《哲学研究》一九六五年第四期上一篇有关孔子思想

〔1〕《毛泽东哲学批注集》，中央文献出版社 1988 年 3 月版，第 505—507 页。
〔2〕 同上书，第 446 页。

的文章后，他在文章题目的上方批下“孔门充满矛盾论”七个字。

四十多年前，毛泽东在读书批注中慨叹党内主观主义、教条主义思想严重，阻碍了对马克思主义理论的正确理解和创新发展时说：“中国的斗争如此伟大丰富，却不出理论家！”[1]毛泽东通过发愤读书，理论联系实际，概括和总结中国革命斗争的经验，写出《实践论》《矛盾论》和《关于正确处理人民内部矛盾的问题》等这样杰出的哲学著作，成了伟大的马克思主义理论家。他读书学习的态度和方法，有许多值得我们学习的东西。

〔1〕《毛泽东哲学批注集》，中央文献出版社1988年3月版，第446页。

# 毛泽东与自然科学

龚育之

不能说，毛泽东是一个自然科学素养很高的人。这是容易理解的，完全可以从他的经历、他的环境和他所承担的使命，就是说，从历史条件加以说明。人是历史造就的。不可以脱离具体的历史条件苛求于前人。

这篇文章里想要介绍和说明的是，作为一个求知者，作为一个思想家、哲学家，毛泽东对学习和涉猎自然科学是颇为注意的，对某些问题表现了浓厚的兴趣，发表过一些深刻的见解。就这些而言，应该说，还是他值得称道的长处。

## "多向自然科学学习"

毛泽东向斯诺讲述过自己青年时代追求新知的经历，说他在湖南师范学校求学的五年中，"想专修社会科学。我对自然科学并不特别感兴趣"。[1]这是一九一三年到一九一八年的事。

---

〔1〕 斯诺：《西行漫记》，三联书店 1979 年 12 月版，第 121 页。

值得注意的是，一九二一年新民学会在长沙的会员开新年大会，讨论“改造中国与世界须采用什么方法的问题”（毛泽东发言，赞成“俄式”方法和“激烈方法的共产主义”，即“列宁的主义”）之后，在讨论会友个人的计划时，毛泽东发言：“觉得普通知识要紧，现在号称有专门学问的人，他的学问，还只算得普通或还不及。自身决定三十以内只求普通知识，因缺乏数学、物理、化学等自然的基础科学的知识，想设法补足。”〔1〕这一年毛泽东二十八岁，“三十以内”，还有两年。毛泽东还说：“两年中求学方面，拟从译本及报志了解世界学术思想的大概。惟做事则不能兼读书，去年下半年，竟完全牺牲了（这是最痛苦的牺牲）。以后想办到每天看一点钟书，一点钟报。”〔2〕

这段话之所以值得注意，是因为当毛泽东明确选择马克思列宁主义这门科学和这条革命道路的时候，同时强调了学习自然科学基础知识的必要。他并不以学生时代对自然科学不甚感兴趣为正确或无所谓，相反，他要设法补足由于这种偏颇而造成的知识结构上的缺陷。现在我们不能详知，那两年中他在多大程度上挤出了学习自然科学基础知识的时间。看来，紧张繁

〔1〕《新民学会会务报告》（第2号）。见《新民学会资料》，人民出版社1980年9月版，第32页。

〔2〕同上书，第33页。

重的革命工作，首先是建党工作，使他不得不在读书方面继续作出“最痛苦的牺牲”。但是我们知道，终其一生毛泽东都注意尽可能挤出时间，从书籍报志中了解一点世界自然科学学术思想的“大概”。延安时期如此，〔1〕北京时期如此，直到逝世前几年，眼力很差了，他还收藏和阅读一些特地印成大字的自然科学书刊。〔2〕

从一九二一年这一段话，联想到一九四一年的另一段话。那是毛泽东一月三十一日写给在苏联上学的两个儿子岸英、岸青的信中的话：“惟有一事向你们建议，趁着年纪尚轻，多向自然科学学习，少谈些政治。政治是要谈的，但目前以潜心多习自然科学为宜，社会科学辅之。将来可倒置过来，以社会科学为主，自然科学为辅。总之注意科学，只有科学是真学问，将来用处无穷。”〔3〕这里讲了政治和科学的关系——谈政治要以学科学为基础；又讲了学科学中自然科学和社会科学的关

〔1〕延安时期毛泽东搜集的藏书中有不少自然科学书籍，如商务印书馆出的汤姆生《科学大纲》，辛垦书店出的普朗克《科学到何处去》，秦斯《环绕我们的宇宙》，爱丁顿《物理世界的本质》等。1949 年，中国人民政治协商会议第一次会议开会前，毛泽东邀请商务印书馆的创始人张元济等同游天坛，曾对张说他读过商务出的《科学大纲》，从中得到很多知识。

〔2〕如达尔文的《物种原始》、杨振宁的《基本粒子发现简史》、《动物学杂志》、《化石》杂志、《自然辩证法》杂志等。

〔3〕《毛泽东书信选集》，中央文献出版社 2003 年 11 月版，第 152 页。

系——先以学习自然科学为主，然后再学社会科学。撇开这段话可能针对的具体背景不谈，我认为，就一般意义而言，这个主张是很有道理的。从科学发展史来看，最先成为科学的是自然科学，然后社会科学才成为科学。对社会的研究早就有了，上升为科学，从总体说，是以马克思主义诞生为发端。先成为科学的自然科学，对于社会科学之发展成为科学，从科学思想、科学方法、科学精神，都起了很大的影响。人们的学习过程在一定程度上要大致地重复人类的认识过程，这种历史和逻辑的统一、“精神古生物学”和“精神胚胎学”[1]的统一，合乎系统发育和个体发育统一的规律。所以，对于年纪尚轻的人，有意识地按照这个规律来指导他们的学习，是很有益处的。当然，这是我对毛泽东这一主张的一种体会。他如何形成这一主张，信中没有细说理由。一个可以想见的显著理由，就是系统地学习自然科学基础知识，如果年轻时没有获得或抓住机会，成年后便很难有时间和条件。在这个问题上毛泽东同许多人一样，是过来人。所以，他谆谆告诫年纪尚轻的人，要抓住机会潜心“多习自然科学”，频频督促我们的干部，要以钉子精神挤时间学习，包括“学一点自然科学”。

---

〔1〕《马克思恩格斯选集》第4卷，人民出版社1995年6月版，第219页。

岸英、岸青二儿：

很早以前接到岸英的长信、岸青的信、岸英寄来的照片本、单张相片，并且还有几次的信与照片，我都未复，很对你们不起，知你们悬念。

你们长进了，很欢喜的。岸英文理颇通，字也写得不坏，有进取的志气，是很好的。惟有一事告

毛泽东给毛岸英、毛岸青的信（1941 年 1 月 31 日）

你们建议，趁着年纪尚轻，多向自
然科学学习，少谈些政治。政
治是要谈的，但目前以潜心多习
自然科学为宜，社会科学辅之。
将来可以倒置过来，以社会科学
为主，自然科学为辅。总之注
意科学，只有科学是真学问，
将来用处无穷。人家恭维
你抬举你，这有一样好处，就是

鼓励你上进；但有一样坏处，就是易长骄傲之气，得意忘形，有不知脚踏实地，实事求是者。你们有你们的前程，或好或坏，决定于你们自己及你们的直接环境，我不干涉你们，我的意见只当作建议，由你们自己考虑决定。总之我欢喜你们，望你们更好。

岸英要我写诗，我一点诗

[illegible]

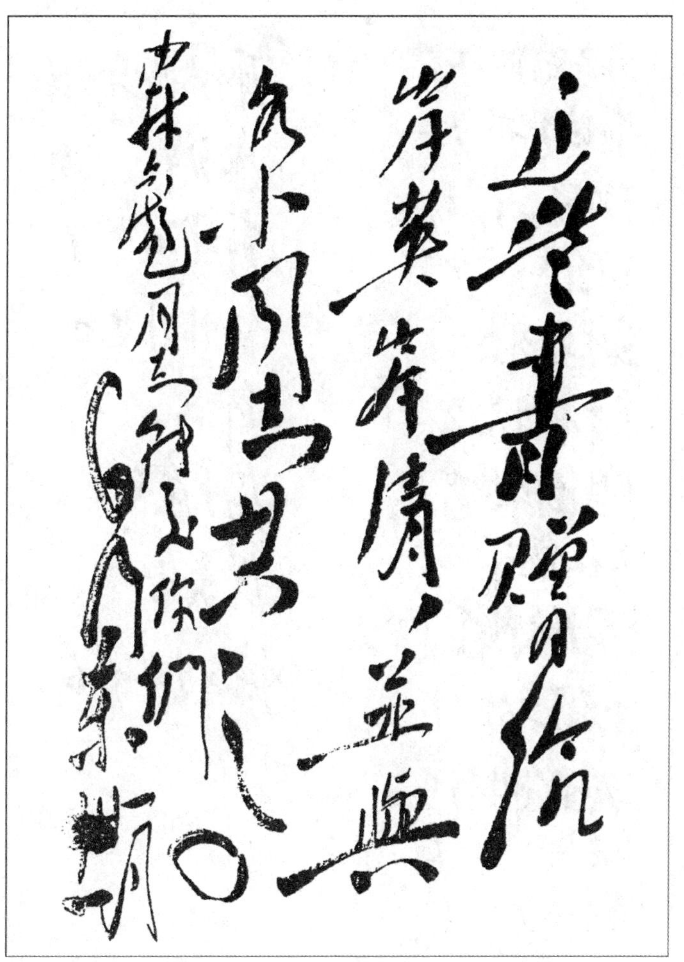

精忠岳传 2
官场现形记 4
子不语正续 3
三国志 4
高中外国史 3
高中本国史 2
中国经济地理 1
大众哲学 1
中国历史教程 1
兰花梦奇传 1
峨嵋剑侠传 4
小五义 6
续小五义 6

聊斋志异 4
水浒 4
薛刚反唐 1
儒林外史 2
何典 1
清史演义 2
洪秀全 2
侠义江湖 6

## 进化论与救亡图存

毛泽东向斯诺列举年轻时代给他以深刻印象的西方著作时，提到一本自然科学书，就是达尔文的《物种原始》。

严复译出赫胥黎宣传达尔文学说的著作《天演论》(原名《进化论与伦理学》)，于一八九八年出版，在中国知识界立即掀起巨大的波澜。被帝国主义“虎视鹰瞵”，即将遭到“瓜分豆剖”的中国（一八九四年孙中山《兴中会宣言》中语），先觉者欲奋起救亡图存，从“物竞天择”“优胜劣败”“适者生存”的进化论中，找到了警醒和激励国人的思想武器。所以，进化论在当时的中国，与其说是作为一种自然科学学说，毋宁说是作为一种社会学说，引起人们的注意，受到人们的欢迎。现在，从马克思主义观点看问题，人们常常批评用生物进化学说来解释社会现象是社会达尔文主义。我当然不认为社会达尔文主义是科学的。但是，像进化论这样重大的自然科学思想成果，不能不影响人们的世界观和历史观。马克思不是说过吗？“达尔文的著作非常有意义，这本书我可以用来当作历史上的阶级斗争的自然科学根据。”[1]我认为，进化论对人们世界观、历史观的影响，是汇合为“从自然科学奔向社

---

〔1〕《马克思恩格斯全集》第30卷，人民出版社1975年2月版，第574页。

会科学的强大潮流”[1]中的一股潮流。

毛泽东也是从这样的角度来看待进化论的。他曾经说过，为了抵御帝国主义，“中国人被迫从帝国主义的老家即西方资产阶级革命时代的武器库中学来了进化论、天赋人权论和资产阶级共和国等项思想武器和政治方案，组织过政党，举行过革命，以为可以外御列强，内建民国。但是这些东西也和封建主义的思想武器一样，软弱得很，又是抵不住，败阵下来，宣告破产了”。[2]这失败，不是作为自然科学学说的生物进化论的失败，这个生物学学说被事实证明为真理，是不败的；这失败，是朴素的进化论历史观的失败，由此导致马克思主义世界观和历史观（它以包括进化论在内的重大成就为其自然科学依据）在中国的传播和胜利。

在马克思主义传播以前，关于近代西方学术思想的所有译作中，《天演论》是影响最大的一部。毛泽东无疑读过这部书。至于《物种原始》，是不是在他向斯诺所说的年份读过，情况比较复杂，需要多说几句。按斯诺的记述，那是毛泽东一九一二年每天到湖南省立图书馆去读书的时候读到的。但是，《物种原始》的第一个完全的中译本，马君武的译本，是

---

〔1〕《列宁全集》第25卷，人民出版社1988年10月版，第43页。

〔2〕《毛泽东选集》第4卷，人民出版社1991年6月第2版，第1514页。

一九二〇年才出版的。一九二〇年十月毛泽东起草文化书社第一次营业报告，记载了临时营业一个多月销售出去的书刊清单，其中有达尔文《物种原始》，计售出十份。这个时期毛泽东读到《物种原始》的全译本，是可能的，在这之前不可能读到。不过马君武译这部书，经过多年努力，在一九〇一年出版了《达尔文物竞篇》（即《物种原始》第三章），一九〇二年出版了《达尔文天择篇》（即《物种原始》第四章），一九〇四年出版了达尔文《物种原始》第一卷（即前五章，全书共十五章），这些部分篇章的单行本虽然传播不广，毛泽东读到过是可能的。当然也不排除误记的可能性。按斯诺的记述，毛泽东这一年读的书中还有"亚当·斯密的《原富》""约翰·斯·穆勒的一部关于伦理学的书""卢梭的著作""斯宾塞的《逻辑》""孟德斯鸠写的一本关于法律的书"。除卢梭的著作外，这里列举的都是严译名著。其中"穆勒的一部关于伦理学的书"，是《穆勒名学》（论理学、逻辑）的误记；"斯宾塞的《逻辑》"是《群学肄言》的误记。由此推测，"达尔文的《物种原始》"，也可能是严译赫胥黎《天演论》的误记。

毛泽东晚年还提到过达尔文、赫胥黎和《天演论》。

一九七〇年，他在一个批示中写道："《人类在自然界的位置》请找一本给我。《天演论》前半是唯物的，后半是唯心的。"这两本书都是赫胥黎写的。他对《天演论》的这个评价，显然是依循马克思主义的一个常说的观点：旧唯物主义，自然科学的唯物主义，在研究自然界的时候是唯物主义的，一旦进入社会历史领域就不能贯彻唯物主义了。

一九七四年英国前首相希思来中国访问，会见毛泽东时，送给毛泽东一张达尔文的照片（有达尔文的签名和达尔文自己写的话："这是我的确十分喜欢的一张照片，同我的其他照片比，我最喜欢这一张"），还有达尔文《人类原始及类择》的第一版，是达尔文的后人提供的。

毛泽东说：达尔文，世界上很多人骂他。

希思说：但我听说，主席很钦佩达尔文的著作。

毛泽东点头，说：嗯！我读过他的书。帮他辩护的，叫 Huxley（赫胥黎）。

希思点头，说：他是十分杰出的科学家。

毛泽东说：他自称是达尔文的咬狗。

这里说的是赫胥黎为捍卫达尔文学说，同攻击达尔文学说的人激烈辩论的故事。

毛泽东钦佩达尔文的著作为世人所知，不仅是由于斯诺那本书的传播。毛泽东在自己的著作和谈话中，多次提到达尔文和进化论。其中最重要的一次，是在《关于正确处理人民内部矛盾的问题》中。在这个讲话的论述"百花齐放，百家争鸣"一节里，他说："历史上新的正确的东西，在开始的时候常常得不到多数人承认，只能在斗争中曲折地发展。正确的东西，好的东西，人们一开始常常不承认它们是香花，反而把它们看作毒草。哥白尼关于太阳系的学说，达尔文的进化论，都曾经被看作错误的东西，都曾经经历艰苦的斗争。”〔1〕

## 遗传学与百家争鸣

党中央和毛泽东提出百家争鸣方针，有多方面的历史背景，其中一个重要方面，是自然科学发展的历史经验教训。哥白尼日心说和达尔文进化论的经历，是过去时代的历史教训；遗传学的经历，则是社会主义时代的历史教训。这个历史教训，发生在苏联，也发生在中国。

大家知道，李森科发动的、在一九四八年全苏农业科学院会议上达到高潮的对遗传学中摩尔根学派的粗暴批判，是苏联在自然科学领域进行的一系列批判中影响最大、最恶劣的一起。那次会后不久，这个批判随着报刊上的介绍和苏联专家来华讲学而在我国传开。我国有关的大学和研究机构中，广泛组织了对李森科报告的学习，并在某种程度上仿效苏联的做法，用行政手段和政治压力取缔了摩尔根学派的课程讲授和研究工作。

〔1〕《毛泽东文集》第7卷，人民出版社1999年6月版，第229页。

这种不正常情况，在苏联，在我国，都持续了相当长时间，以后才逐步得到纠正。

在这期间，毛泽东曾三度注意到遗传学的问题。

第一次是一九五〇年。

当时，有一些人向中央反映，一所大学由于仿效苏联做法粗暴对待摩尔根学派学者，引起党和自然科学家关系的紧张。这所大学的领导人得知后，给刘少奇写了一个报告，为自己申辩。七月十五日，刘少奇将这个报告送毛泽东、周恩来、朱德及陆定一、胡乔木传阅。七月十六日毛泽东批道："这个报告里所表现的作风是不健全的"，这位同志"思想中似有很大毛病"。同一天毛泽东还批阅了反映同一问题的另一份材料，指出必须彻查这个学校的领导，"并作适当的处理"。查处的结果，解除了这位同志在大学的领导职务，先在会议上，后来又在报纸上批评了他对待知识分子和对待科学问题的简单粗暴的做法。

这是党中央纠正这方面错误的开端，虽然仅仅是范围和程度很有限的开端，但毕竟是有了开端。后来陆定一在阐述党的百家争鸣方针的由来时，曾提到这次批评。

第二次是一九五六年，即在提出"十大关系"和"双百方针"的时候。

这里先讲一点背景。从一九五二年底开始，苏联科学刊物上陆续发表了一些对李森科某些学术观点表示不同意见的批评文章。这种情况的出现，同斯大林《马克思主义和语言学问题》一文的发表是有关系的。因为这篇文章批评了苏联学术界某些权威的“军阀式统治制度”，指出“没有不同意见的争论，没有批评的自由，任何科学都不可能发展，不可能有成就”[1]，从而引起了苏联学术界气氛的若干变化。斯大林逝世后，苏共党的报刊进一步批评了李森科企图压制学术争论的错误行为，还陆续揭露了李森科学阀作风的一些事件。苏共二十大后不久，李森科辞去农业科学院院长职务。中国的刊物和报纸，对这些作了介绍和报道。毛泽东显然注意到了遗传学领域的这些动向。

一九五六年四月，毛泽东看到一份材料，是东德一位党的负责干部的谈话记录，谈他们国内遗传学家对强制推行李森科学派观点的反应。四月十八日，毛泽东在这份谈话记录上给当时任中宣部副部长的张际春写了几句话：“此件值得注意，请中宣部讨论一下这个问题。讨论时，邀请科学院及其他有关机关负责同志参加。陆定一同志回来，请将此件给他一阅。”

一个星期以后，四月二十五日，毛泽东在中央政治局扩大会议上讲“十大关系”。在讲“中国和外国的关系”的时候，他强调对外国的东西必须有分析有批判地学，不能盲目地学，

〔1〕《斯大林选集》下卷，人民出版社 1979 年 12 月版，第 521 页。

对苏联经验也应当采取这样的态度；并说："过去我们一些人不清楚，人家的短处也去学。"[1]学习苏联李森科那一套，就被举出作为盲目学习人家短处的一个例子。

四月二十八日，毛泽东在政治局扩大会议上提出：百花齐放、百家争鸣，我看这应该成为我们的方针。艺术问题上百花齐放，学术问题上百家争鸣。他还说："讲学术，这种学术可以，那种学术也可以，不要拿一种学术压倒一切，你讲的如果是真理，信的人势必就会越多。"[2]五月二日，毛泽东在最高国务会议上作关于"十大关系"的讲话。在参加会议的各方面代表人物发言之后，毛泽东再一次讲话，正式宣布：艺术方面的百花齐放的方针，学术方面的百家争鸣的方针，是有必要的。他说：百家争鸣是诸子百家，春秋战国时代，二千年前那个时候，有许多学说，大家自由争论，现在我们也需要这个。他指出：在中华人民共和国宪法范围之内，各种学术思想，让他们去说。在说这些话的时候，他一再举了自然科学方面"像李森科这样的问题"作例子。

在毛泽东这些讲话和他给中宣部领导同志那封信的推动下，经中宣部建议，中国科学院和高等教育部这年八月在青岛

---

〔1〕《毛泽东文集》第7卷，人民出版社1999年6月版，第41页。
〔2〕同上书，第55页。

召开了遗传学座谈会。这是百家争鸣方针提出后，我国为认真贯彻执行这个方针，系统地纠正过去的错误而召开的一次影响很大、很好的学术座谈会。它同全苏农业科学院一九四八年八月会议形成鲜明的对比。[1]

第三次是一九五七年春天。

《关于正确处理人民内部矛盾的问题》这篇讲话作过之后不久，毛泽东读到遗传学家李汝祺教授发表在《光明日报》上的文章《从遗传学谈百家争鸣》。这是李汝祺参加青岛遗传学座谈会后，谈会议收获和自己意见的一篇文章。四月三十日，毛泽东写信给胡乔木："此篇有用，请在《人民日报》上转载。"他还亲自代《人民日报》拟了一个按语：本报编者按："这篇文章载在四月二十九日的《光明日报》，我们将原题改为副题，替作者换了一个肯定的题目，表示我们赞成这篇文章。我们欢迎对错误作彻底的批判（一切真正错误的思想和措施都应批判干净），同时提出恰当的建设性的意见来。"[2]

"发展科学的必由之路"——这就是毛泽东替作者换上的

---

〔1〕1948 年的会议，苏联出版了逐字记录，中译本由财经出版社于 1955 年出版。1956 年青岛会议的发言记录，1957 年由科学出版社出版，内部发行，1986 年由商务印书馆公开出版，书名为《百家争鸣——发展科学的必由之路》。关心这方面历史的读者，如果对比着读这两本书，会感到很有趣味和引人深思。

〔2〕《毛泽东书信选集》，中央文献出版社 2003 年 11 月版，第 485 页。

题目。这个简明而精辟的论断，是对科学发展规律的重要概括，对百家争鸣方针的深刻阐述。

## 关于机床设计发展战略的讨论

毛泽东比较爱看《光明日报》，因为这张报比较注意登理论文章，能给他较多的关于学术思想的信息，包括有关自然科学学术思想的信息。

除了前述的要求《人民日报》转载《光明日报》上李汝祺文章的事例以外，还有一个事例，就是要求《红旗》杂志转载《光明日报》上关于机床设计的文章。

一九六〇年八月，在哈尔滨召开了全国第一次自然辩证法座谈会。提交会议的文章中，有一批是结合当时技术革新的发展而研究写出的。“蚂蚁啃骨头”（小机床加工大工件），“积木式机床”，是当时引人注目的技术革新成果。哈尔滨工业大学的一些教师就这个问题作了分析和研究，写了《从设计“积木式机床”试论机床内部矛盾运动的规律》一文，在会上已引起注意。会后，此文在《光明日报》哲学专刊上发表了。毛泽东看到这篇文章，请《红旗》杂志加以转载，并代《红旗》杂志编辑部给作者写了下面这封信。

放手贯彻"百家争鸣"的方针

从遗传学谈百家争鸣

第七号特务落网了

毛泽东给胡乔木的信（1957 年 4 月 30 日）

中共哈尔滨工业大学机械系机床及

自动化专业分总支委员会同志们：

看了你们在一九六〇年十一月二十五日《光明日报》上发表的文章，非常高兴，我们已将此文在本杂志上转载。只恨文章太简略，对六条结论使人读后有几条还不甚明了。你们是否可以再写一篇较长的文章，例如一万五千字到二万字，详细地解释这六条结论呢？对于车、铣、磨、刨、钻各类机床的特点，也希望分别加以分析。我们很喜欢读你们的这类文章。你们对机械运动的矛盾的论述，引起了我们很大的兴趣，我们还想懂得多一点，如果你们能满足我们的（也是一般人的）要求，则不胜感谢之至。

信末原署“毛泽东　一九六〇年十一月二十八日”，后来改署为“红旗杂志编辑部　一九六〇年十二月六日”。

这封信当然给作者们很大鼓励。他们原来的文章，转载在《红旗》一九六〇年第二十四期上。他们按照信的要求写出的第二篇文章《再论机床内部矛盾运动的规律和机床的“积木化”问题》，在《红旗》一九六一年第九、十期上予以发表，还加了一个按语。按语说了前面那封信的要求，说了这篇文章的论点还可以讨论，还有不同意见，还需要经过实践的检验，并且表示希望：“如果每一个专业，每一个科学研究机关，每一个生产单位，都能用从实际出发，具体地分析具体矛盾的方法，抓住他们自己业务中的一个特殊性的矛盾，用一定的时间（哈尔滨工业大学研究机床内部矛盾运动的同志，从一九五八年十月开始，到这篇文章的写成，共用了两三年的时间），进行深入的、系统的、全面的研究，那就可以预期，我们的科学研究工作将获得愈来愈多的成果，将出现更加繁荣的百家争鸣、百花齐放的景象。”

半年以后，在《红旗》一九六一年第二十四期上，发表了一篇关于机床内部矛盾问题的讨论综述，介绍了这个问题上的不同看法。

这两篇文章和当时的讨论，有些关于矛盾的分析和议论，从哲学方法上说可能有不同的评价（是不是有搬弄概念的缺点？），但是主要的、实质的东西，是对机床发展方向的分析和预测。经过二十余年的实践，文章所作的预测的科学性到底怎样，这是应该由机械学家们来判断的事情。最近有同志写文章，认为那两篇文章是我国从宏观上从综合上讨论技术发展战略问题的较早的文献，而这类研究正是现在应该大力提倡的。我觉得这个评论是有见地的。

毛泽东说，他“很喜欢读这类文章”，“还想懂得多一点”。这说明他对哲学研究同技术研究的结合，对技术发展的思路和战略的探讨，表现了很大的兴趣和关注。

## 坂田文章和《自然辩证法研究通讯》的复刊

毛泽东爱读《自然辩证法研究通讯》杂志这件事，我知道以后，是很高兴的。因为于光远创办和主持这个杂志，我是参与其事了的。

一九五六年制定自然辩证法研究工作十二年规划的时候，大家建议在哲学研究所设立自然辩证法组，并创办一个通讯性质的杂志。这两条建议当年都付诸实施了，于光远兼任这个研究组的组长，《自然辩证法研究通讯》杂志（季刊）即由这个组负责编辑。创刊号上刊载的就是自然辩证法研究规划草案及其所列项目的二十几份说明书。杂志办到一九六〇年年中停刊。当时整顿刊物，说哲学研究所应集中力量办好《哲学研究》，《自然辩证法研究通讯》的任务由《哲学研究》承担就行了。事实上《哲学研究》不可能完全承担，于是《自然辩证法研究通讯》于一九六三年秋天复刊。

这个杂志发行量不大，开头不过二千份，后来也不过一万份。读者圈大致限于自然辩证法工作者和一些对自然辩证法有兴趣的教师和学生。哲学界多数人都不大注意。然而毛泽东注意到了。这一情况，我们最先是一九六三年底知道的。

一九六三年十二月十六日，中央科学小组的聂荣臻、张劲夫、韩光、于光远、范长江等同志到颐年堂向毛泽东汇报新的科学技术十年规划。谈话中，毛泽东问起这个杂志，说：有一本杂志《自然辩证法研究通讯》，曾停了很久，现在复刊了。复刊了就好。现在第二期已经出了。[1]

于光远向毛泽东说明了情况，回来告诉了我们。

停刊前的《自然辩证法研究通讯》，哪些内容引起毛泽东注意，不得而知。复刊后引起他注意的有哪些，很快我们就得到了信息。[2]

一九六四年八月十八日，在北戴河，我参加了毛泽东同几位哲学工作者的谈话。这次毛泽东又讲到这个杂志，特别讲到杂志复刊第一期上刊登的、从苏联《哲学问题》杂志转译过来

---

〔1〕《毛泽东文集》第 8 卷，人民出版社 1999 年 6 月版，第 351 页。

〔2〕根据毛泽东故居图书管理组的同志提供的材料，现在我们知道，在《自然辩证法研究通讯》一九六三年复刊第一期的刊物上，毛泽东在坂田《基本粒子的新概念》这篇文章的题目前面，用铅笔画了三个大圈。在作者的名字下，画了一道。全文在杂志上占八面，几乎每面都画满了横道，夹有一些波纹线和双线。文末的译者名字下面，也画了一道。

这一期刊物，毛泽东还读了两篇文章。一篇是何祚庥对坂田文章的简短评注，占一面，大部分文字下面画了横线或波线。另一篇是郁里《评玻恩的〈物理学中的实在概念〉一文》，在文章的第一部分画了横线或波线。

一九六四年第一期，毛泽东在目录上，在我所辑的《马克思主义者关于科学实验的论述》这个题目前面画了一个大圈。在正文中，在这个题目前面也画了一个大圈。这篇材料的第二部分，集纳了马克思、恩格斯、列宁的有关论述，毛泽东在这一部分的导语下面画了横线。

一九六四年第二期，毛泽东在席泽宗的《宇宙论的现状》一文的最后两段，画了横线或波线。

基本粒子的新概念

〔日本〕坂田昌一

毛泽东写在坂田昌一《基本粒子的新概念》上的批注

的日本学者坂田昌一的《基本粒子的新概念》这篇文章，赞赏坂田关于“基本”粒子并不是最后的不可分的粒子的观点。根据我当时整理的谈话记录，毛泽东是这样说的：

> 列宁讲过，凡事都可分。举原子为例，不但原子可分，电子也可分。可是从前认为原子不可分。原子核分裂，这门科学还很年轻。近几十年来，科学家把原子核分解了。有质子、反质子，中子、反中子，介子、反介子，这是重的，还有轻的。至于电子同原子核可以分开，那早就发现了。电线传电，就利用了铜、铝的外层电子的分离。电离层，在地球上空几百公里，那里电子同原子核也分离了。电子本身到现在还没有分裂，总有一天能分裂的。“一尺之棰，日取其半，万世不竭”。这是个真理。不信，就试试看。如果有竭，就没有科学了。世界是无限的。时间、空间，是无限的。空间方面，宏观、微观，是无限的。物质是无限可分的。所以科学家有工作可做，一百万年以后也有工作可做。听了些说法，看了些文章，很欣赏《自然辩证法研究通讯》上坂田昌一的文章。以前没有看过这

样的文章。他是辩证唯物主义者，引了列宁的话。[1]

八月二十四日，在北京，毛泽东又找于光远、周培源到中南海他的卧室，谈坂田文章，并且比较系统地谈了他对自然辩证法的一些见解。关于这次谈话的情况，于光远作过一番描绘：

“到了颐年堂，毛泽东身旁的工作人员就把周培源和我领到了卧室。毛泽东正靠在床上，第一句话是不无歉意地作了一句解释：‘我习惯在床上工作。’我就说：‘主席找我们来大概是谈坂田文章的事吧？’他说：‘对了，就是这个事。’于是我们就坐在离床不远的两把椅子上。坐定之后秘书沏了两杯茶就走了，整个谈话时间都没有进来。谈话时房间里只有三个人，

〔1〕 准确地说，列宁在《唯物主义和经验批判主义》中所说的原话是：“电子和原子一样，也是不可穷尽的。”坂田引用的就是这句话（《列宁全集》第18卷，人民出版社1988年10月第2版，第275页）。

此外，列宁在《哲学笔记》中，在黑格尔“有限性中包含着无限性”这些话旁边，还批了这样的话：“应用于原子和电子的关系。总之就是物质的深远的无限性……”（《哲学笔记》，人民出版社1993年7月版，第95页）。

恩格斯1867年6月16日致马克思的信中，早就指出过：分子、原子不是“可分性的极限”，而是“分割的无穷系列”中的各个关节点，它们“并不结束这个系列，而是规定质的差别”（《马克思恩格斯全集》第31卷，人民出版社1972年6月版，第309页）。

可见，物质的无限可分性，物质分割的无穷系列，物质的不可穷尽性，物质的深远的无限性，说的都是一个意思。

安静极了。于是，毛泽东就长篇大论地说起来。一开头他说：'今天我找你们就是想研究一下坂田的文章。坂田说基本粒子不是不可分的，电子是可分的。他这么说是站在辩证唯物主义立场上的。'毛泽东讲：'世界是无限的。世界在时间和空间上都是无穷无尽的。……宇宙从大的方面看来是无限的，从小的方面看来也是无限的。不但原子可分，原子核也可以分，电子也可以分。……因此我们对世界的认识也是无穷无尽的，要不然物理学这门科学不会发展了。如果我们的认识是有穷尽的，我们已经把一切都认识到了，还要我们这些人干什么？'毛泽东又说：'什么叫哲学？哲学就是认识论，别的没有。双十条第一个十条前面那一段是我写的。我讲了物质变精神、精神变物质。我还讲了，哲学一次不要讲得太长，最多一小时就够了。多讲，越讲越糊涂。我还说，哲学要从讲堂书斋里解放出来。'毛泽东还说：'认识总是发展的。有了大望远镜，我们看到的星球就更加多了。……如果说对太阳我们搞不十分清楚，那么从太阳到地球中间的一大块地方现在也还搞不清楚。现在有了人造卫星，在这方面的认识就渐渐多起来了。'在毛泽东讲到这些问题的时候，我插进去提了一个问题：'我们能不能把望远镜、人造卫星等概括为认识工具？'毛泽东回答说：'你说的那个认识工具的概念，有点道理。认识工具当中要包括镢头、机器等等。人的认识来源于实践。我们用镢头、机器等等改造世界，认识就深入了。工具是人的器官的延长。镢头是手臂的延长,望远镜是眼睛的延长。身体五官都可以延长。’我接着问：‘哲学书里通常以个人作为认识的主体。但在实际生活中，认识的主体不只是一个一个的人，而常常是一个集体，如我们的党就是一个认识的主体。这个看法行不行？’毛泽东回答说：‘阶级就是一个认识的主体。最初工人阶级是一个自在的阶级，那时它对资本主义没有认识。以后就从自在的阶级发展到自为的阶级。这时，对资本主义就有了认识。这就是以阶级为主体的认识的发展。’回答了我的两个问题后，他从天讲到地，从地讲到生物，从生物讲到人，就关于自然发展史的轮廓发表了一些想法，根本的思想是‘一切个别的、特殊的东西都有它的产生、发展与死亡’。‘每一个人都要死，因为他是产生出来的。人必有死，张三是人张三必死。人类也是产生出来的，因此人类也会灭亡。地球是产生出来的，地球也会灭亡。不过我说的人类灭亡和基督教讲的世界末日不一样。我们说人类灭亡，是指有比人类更进步的东西来代替人类，是生物发展到更高的阶段。我说马克思主义也有它的发生、发展和灭亡。这好像是怪话，但既然马克思主义说一切产生的东西都有它自己的灭亡，难道这话对马克思主义本身就不灵？说它不会灭亡是形而上学。当然马克思主义的灭亡是有比马克思主义更高的东西代替它。’”

“话题又转到物理学的新发现上来。毛泽东说：‘什么东西都是既守恒又不守恒。本来说宇宙守恒，后来在美国的中国科学家李政道和杨振宁说它不守恒。质量守恒、能量守恒是不是也这样？世界上没有绝对不变的东西。变、不变，又变、又不变，组成了宇宙。既守恒又不守恒，这就是既平衡又不平衡，也还有平衡完全破裂的情形。……世界上一切都在变，物理学也在变。牛顿力学也在变。世界上从原来没有牛顿力学到有牛顿力学，以后又从牛顿力学到相对论，这本身就是辩证法。’”〔1〕

当时，正在举行北京科学讨论会，坂田昌一作为日本代表团的团长参加了会议。八月二十三日，毛泽东接见与会的各国科学家时，同坂田握手，并说自己读过他的文章。这引起坂田的惊讶和喜悦。后来游颐和园，坂田向于光远询问，于光远向坂田说明了毛泽东从哪里读到坂田的哪篇文章，告诉他毛泽东非常重视他引用列宁关于电子不可穷尽的论述，非常重视他关于“基本”粒子可分的见解，还告诉他，毛泽东在一九五七年莫斯科会议上就说过一分为二是普遍现象，原子分为原子核和电子，原子核又分为质子和中子，质子又有反质子，中子又有

〔1〕于光远：《毛泽东和自然辩证法》。见《缅怀毛泽东》，中央文献出版社1993年12月版，第361—363页。

反中子……[1]（那时我们还不知道毛泽东在一九五五年一月就同钱三强谈过“质子、中子是由什么东西组成”的问题，表示过“物质是无限可分的”“质子、中子、电子也应该是可分的”“你们信不信？你们不信，反正我信”的意见。）坂田很感兴趣，说：可惜他原来不知道毛泽东一九五七年讲过这些意见，如果早知道，他的文章一定会引用的。坂田回国以后，多次写文章讲到毛泽东的这一见解。

因为毛泽东对坂田文章这样重视，坂田又说过他那篇文章苏联译得不甚准确，我们找人从日文重新译出这篇文章，题目按原文恢复为《关于新基本粒子观的对话》。听说毛泽东对人说过，这样的文章，专门名词、专门知识一般读者不懂，应该作些注释。我们又组织人作了一批注释。根据毛泽东几次谈话的精神，我们替《红旗》编辑部起草了一个较长的按语，连同译文、注释一起，在《红旗》杂志一九六五年第六期发表。随后在科学界和哲学界进行了一系列讨论，《红旗》一九六五年第九期还发表了一个讨论专辑。

这些活动，对自然辩证法的学习和研究起了较好的影响。因为它着眼于引导，要求把哲学的探讨同自然科学的具体研究结合起来，而不是离开这种具体研究去谈玄。

---

〔1〕《毛泽东文集》第 7 卷，人民出版社 1999 年 6 月版，第 332 页。

当时我国有一群理论物理学家，致力于基本粒子的研究。毛泽东强调的“基本粒子”可分的思想，本是从物理学家那里来的，反过来又影响这群物理学家去认真探索“基本粒子”以下层次的粒子。他们把这种粒子称为层子，建立了基本粒子结构的层子模型，发表了一批研究论文。这些成果在当时是站在前沿的工作。在这前后，西方物理学家发展了关于基本粒子重粒子结构的“夸克”学说。“夸克”大致相当于“层子”。从那时以来，这方面研究工作取得长足的进展，“基本”粒子有更深层次的结构，在物理学界已得到公认。

## 杨振宁、李政道、格拉肖、“毛粒子”

毛泽东同于光远、周培源谈到诺贝尔物理学奖获得者杨振宁、李政道，后来，他有机会同杨、李本人讨论了粒子可分不可分和宇宙守恒不守恒的问题。

七十年代以后，中美关系打开了，杨、李等许多海外华裔学者纷纷回国探亲、访问。

一九七三年七月十七日毛泽东接见了来访的杨振宁，陪同杨来见毛泽东的是周培源。杨在海外报刊上多次谈到毛同他这次谈话的情况和内容。

毛泽东在谈话中问到哥本哈根学派现在怎么样了，又问到光量子能不能分？杨答：这个问题现在还没有解决。毛表示，他认为物质是无限可分的。如果物质分到一个阶段，变成不可分了，那么一万年后，科学家干什么？又问现在坂田怎么样了？周说坂田在一九七〇年去世了。毛又说到公孙龙和惠施，说到“一尺之棰，日取其半，万世不竭”，说到“飞鸟之影未尝动也”，“天下之中央，燕之北，越之南”，“白马非马”等等。杨说：在国际上，对基本粒子可分，有两种看法：一种认为基本粒子有构造，但观察不到；一种认为能观察到，不过现在还没有看到。

周把话题引到杨、李提出的宇称不守恒的原理。杨说：宇称守恒，简单地说，就是左右对称。在原子核里头，在强相互作用和电磁相互作用下，宇称是守恒的，但是在弱相互作用下，宇称不守恒。毛问：宇称守恒又不守恒，是吗？并说自己是搞政治的，不懂科学，称赞杨对世界是有贡献的。还两次讲到不要讲什么“万寿无疆”的话，这句话不对，不科学。

一九七四年五月三十日毛泽东又接见了来访的李政道。关于这次谈话的内容，李在《大自然探索》（一九八八年第三期）发表过回忆文章。

毛泽东请李讲讲李的那个发明创造。李说：我们没有什么发明，就是通过实验得出结果，通过结果求得了解，又想能不能另外做一些新的实验来校正原来的想法。实验的结果又修改想法，反复不断地进行。从实验开始，引出理论，进行解释和猜想，又进行实验。陪同接见的朱光亚说：你讲讲关于宇称不守恒的发现吧。李说：那就是，宇宙是不是绝对对称？比如，有正电子、负电子，正质子、负质子，等等。但后来理论就脱离了实践，说宇宙一切都是绝对对称的。一九五六年我和杨振宁看到一些新的实验很难解释，就问那时的理论是不是有根据，发现很多没有根据。我们做实验，发现从前的绝对猜想是错误的。很多事实表明，正负、左右是不对称的。

毛说：我的肩膀就是这（右）边高，这边低。我的眼睛这边（左）好，这边差。

李说：常常说，人有不大对称的。有时期宇宙，比如从人开始，是不对称的。比如，心是在左边。

毛说：心是左的，胃是向右的，从胃到小肠是向右的。

李说：但是心不对称，不等于自然界都不对称，大多数是对称的，人的心在右边的也有，不过人数很少，大约占一百万分之一。但是现象不对称，不等于基本原理不对称。

毛问：平衡跟对称是一个意思吗？李用铅笔作了演示。毛又讲到宇宙，空间，时间，是运动的，是无限的。构成宇宙的是微观世界了。难道微观世界是有限的吗？我在这里想，可能也是无限的。

李说：我们追求科学真理是无穷的。我们说，原子构造是无限的，一时看到的有限。

朱说：但是一个时候叫了“基本粒子”。

李说：是粒子，但不是基本。这倒不是我们叫出来的，在我们以前，有人就叫作是“基本粒子”。我们认为错误了。这只是一种相对的了解。现在大部分科学家都认为“基本粒子”完全不基本。

毛说：希腊人说，那个原子是基本，是不可分割的。现在分得一塌糊涂。现在好多问题闹不清楚，比如光学，太阳发出来的光，它的结构怎么样呢？

李说：我们觉得是电磁场的波动。

毛问：内部结构呢？

李说：我们知道光子走的时候，是正电子和负电子偶的结合，然后下面是正介子和负介子偶的结合，再下面又是正介子和负介子偶的结合。大概是这样一个结构，也是复杂的。

毛又问：电子呢？李作了解释。毛再问：外围电子呢？李又作了解释。

毛又讲到牛顿的宇宙力学要用一个外面的力来推动宇宙，第一次推动，以后就自己动了。讲到第一个提出宇宙演化的是德国的康德，他的学说叫星云说。后来法国的拉普拉斯发展了。讲到英国的培根、达尔文、莱伊尔都是了不起的学者，莱伊尔是搞地质学的。达尔文是搞生物学的。

有趣的是，毛还讲到英国汤姆生编著的《科学大纲》，讲到自己年轻时读过那本书。第二天在飞机场，李政道收到毛让人给他送来的一本一九二二年版的《科学大纲》，作为送别的礼物。

同这样两位有伟大贡献的理论物理学家畅谈这门科学前沿的哲学问题，在以“毛泽东与自然科学”为主题的叙述中，这件事是值得一记的。还有一件值得一记的事情是，毛泽东逝世后，一九七七年在夏威夷开第七届粒子物理学讨论会时，诺贝尔物理学奖获得者格拉肖说了这样一段话：

“有好多次，科学家都相信他们已经找到了自然界的最基本的组成部分，但却又发现还有更深更简单的结构。格局总是这样：建议把一种实体看成基本的，然后就观察到这种实体还有许多不同的变种，于是就出现了一种猜测的分类法，最后终于认识到，这种实体只是由更为基本的部分组成的复合体。

“这样，定比和倍比定律以及气体的行为向人们证明了原子的存在，接着就确定了四十多种类型的原子，发现了元素周期表，并成功地预言了许多当时未知的元素。后来，卢瑟福证明了原子是由电子和原子核组成的，又过了二十五年，有关原子结合的动力学也搞清楚了。

“不久，人们认识到，不同的元素有不同的原子核。实际上，就是相同的元素，它们的原子核的质量和放射性质也还可稍不相同。原子量和原子序数的有规律的行为导致了一个过于简单的理论，就是所有原子核都是由质子和电子组成的。只是随着中子的发现和同位素的引入，一个恰当的原子核结构的图像才出现了。

“很快，又发现了上百种的强子，它们和质子及中子一样，同样可称为是基本的，而‘八重法’的近似有效则提供了强子有结构的线索。我们被引导到带色的夸克和量子色动力学，把它们作为强子结构理论的一个组成部分。

“今天，所剩下的真正的基本粒子的候选者只有夸克和轻子了。但是，实验已经揭示存在五种不同夸克和五种不同的轻子，或许将来还会发现更多。我们究竟还要找到多少种夸克和轻子，才能看到有规律性存在的信号，才能察觉还没有想到的更深结构的线索呢？洋葱还有更深的一层吗？夸克和轻子是否都有共同的更基本的组成部分呢？许多中国物理学家一直是维护这种观念的。我提议把构成物质的所有这些假设的组成部分命名为‘毛粒子’（Maons），以纪念已故的毛泽东，因为他一贯主张自然界有更深的统一。”

这个建议并不是对粒子命名的一个具体建议，这个建议表示了一位科学家对一位哲学家的深刻见解的敬意。

## “不搞科学技术，生产力无法提高”

作为革命领导人和国家建设的领导人，毛泽东也多次强调过自然科学在国家建设中的重要作用，强调过为了建设必须学习自然科学。

一九四〇年二月，在革命根据地延安，成立了自然科学研究会，毛泽东是发起人之一，在五日的成立会上发表了讲话。“自然科学是人们争取自由的一种武装”，“人们为着要在自然界里得到自由，就要用自然科学来了解自然，克服自然和改造自然，从自然里得到自由。”[1]这些名言就是在这次讲话中提出来的。一九四二年在《经济问题与财政问题》这本书中，毛泽东把聚集在边区的科学技术人员，称为“建立工业的指导力量”。[2]

建国前夕，毛泽东在《论人民民主专政》中说：“严重的经济建设任务摆在我们面前。我们熟习的东西有些快要闲起来了，我们不熟习的东西正在强迫我们去做。”[3]这里面就包含要学习自然科学和技术。

第一个五年计划开始，毛泽东一再号召我们，不仅要学习马克思、恩格斯、列宁、斯大林的理论，而且要学习苏联先进的科学技术，来建设我们的国家。[4]强调学习苏联，有当时的

---

〔1〕《毛泽东文集》第2卷，人民出版社1993年12月版，第269页。
〔2〕《毛泽东选集》，东北书店1948年版，第815页。
〔3〕《毛泽东选集》第4卷，人民出版社1991年6月第2版，第1480页。
〔4〕《在全国政协一届四次会议闭幕会上的讲话》（1953年2月7日）。见《毛泽东文集》第6卷，人民出版社1999年6月版，第264页。

历史背景，照搬苏联经验，有严重的消极方面。但是，把学习科学技术的任务同学习马列理论的任务相并列，反映了形势的发展和认识的前进，是有重大积极意义的。

一九五五年全国党代表会议上，毛泽东指出："我们进入了这样一个时期，就是我们现在所从事的、所思考的、所钻研的，是钻社会主义工业化，钻社会主义改造，钻现代化的国防，并且开始要钻原子能这样的历史的新时期。"〔1〕他说："只要我们更多地懂得马克思列宁主义，更多地懂得自然科学，一句话，更多地懂得客观世界的规律，少犯主观主义错误，我们的革命工作和建设工作，是一定能够达到目的的。"〔2〕

一九五六年党中央专门召开知识分子问题会议，毛泽东讲话，号召全党努力学习科学知识，同党外知识分子团结一致，为迅速赶上世界科学先进水平而奋斗。〔3〕

在党的八大的第二次预备会议上，毛泽东进一步提出这样一个重要论点：我们对新的科学技术还不懂，还要作很大的努力。现在中央委员会是一个政治中央，还不是科学中央，将

〔1〕《在中国共产党全国代表会议上的讲话》（1955 年 3 月）。见《毛泽东文集》第 6 卷，人民出版社 1999 年 6 月版，第 395 页。

〔2〕同上书，第 393 页。

〔3〕参见《新华半月刊》1956 年第 4 号。

来，中央委员会就是科学委员会了。[1]胡耀邦在纪念马克思逝世一百周年的讲话中，特别引用了毛泽东这个论点。[2]

一九五八年初，毛泽东要求全党工作的着重点转到技术革命和经济建设上来，并且说："提出技术革命，就是要大家学技术，学科学。""过去我们有本领，会打仗，会搞土改，现在仅仅有这些本领就不够了，要学新本领，要真正懂得业务，懂得科学和技术，不然就不可能领导好。"[3]

他关心和支持中国"两弹一星"的研究，关心和支持中国石油的勘探，关心和支持中医药宝库的发掘，用诗意的浪漫，想象着纸船明烛送瘟神，巫山高峡出平湖……

他也深感自己需要学习发展生产力的自然科学知识。一九六二年，他在七千人大会上说过："拿我来说，经济建设工作中间的许多问题，还不懂得。工业、商业，我就不大懂。对于农业，我懂得一点。但是也只是比较地懂得，还是懂得不多。要较多地懂得农业，还要懂得土壤学、植物学、作物栽培学、农业化学、农业机械，等等；还要懂得农业内部的各个分业部门，例如粮、棉、油、麻、丝、茶、糖、菜、烟、果、药、

〔1〕参见《毛泽东文集》第7卷，人民出版社1999年6月版，第102页。
〔2〕《十二大以来重要文献选编》上卷，人民出版社1986年10月版，第312页。
〔3〕《工作方法六十条（草案）》（1958年1月）。见《毛泽东文集》第7卷，人民出版社1999年6月版，第350页。

杂等等；还有畜牧业，还有林业。我是相信苏联威廉斯土壤学的，在威廉斯的土壤学著作里，主张农、林、牧三结合。我认为必须要有这种三结合，否则对于农业不利。所有这些农业生产方面的问题，我劝同志们，在工作之暇，认真研究一下，我也还想研究一点。但是到现时止，在这些方面，我的知识很少。我注意得较多的是制度方面的问题，生产关系方面的问题。至于生产力方面，我的知识很少。”〔1〕

一九六三年十二月，聂荣臻等同志向毛泽东汇报新的十年科学技术规划的时候，毛泽东说了两段极重要的话：

> 科学技术这一仗，一定要打，而且必须打好。过去我们打的是上层建筑的仗，是建立人民政权、人民军队。建立这些上层建筑干什么呢？就是要搞生产。搞上层建筑、搞生产关系的目的就是解放生产力。现在生产关系是改变了，就要提高生产力。不搞科学技术，生产力无法提高。
>
> 科学研究有实用的，还有理论的。要加强理论研究，要有专人搞，不搞理论是不行的。〔2〕

---

〔1〕《在扩大的中央工作会议上的讲话》（1962 年 1 月 30 日）。见《毛泽东文集》第 8 卷，人民出版社 1999 年 6 月版，第 302、303 页。

〔2〕《不搞科学技术，生产力无法提高》（1963 年 12 月 16 日）。见《毛泽东文集》第 8 卷，人民出版社 1999 年 6 月版，第 351 页。

历数毛泽东的这些论述，我们看到，毛泽东在解放后强调自然科学和技术的重要性的时候，都是他把注意力比较着重地放在经济建设上的时候。如果一直按这样的指导思想贯彻执行，我国经济发展和科学发展当会另有一番气象。可惜的是毛泽东未能贯彻始终地坚持这些正确思想。相反，在社会主义改造基本完成以后，他却反而越来越强调“以阶级斗争为纲”。而在大抓所谓阶级斗争的时候，这些重视自然科学的思想就被冲淡了，搁置了。这种情况虽有起伏，总的趋势是越演越烈，直至演变为十年“文化大革命”，严重地损害了经济建设，也严重地损害了科学发展。这是历史的悲剧。现在党中央总结历史经验教训，坚定不移地把全党工作重点转移到经济建设上来，因而也就把科学发展摆到重要的战略地位上来。只有在这时，毛泽东重视自然科学的那些正确思想，才能恢复它的原貌并获得新的发展。

**附　记**

为了说明毛泽东强调的“基本粒子”可分的思想，在这里还想说几句。

一九六五年讨论坂田文章的时候，我写了一篇《谈物质的无限可分性》，说了这样的意见：

“《庄子·天下》记载的‘辩者’关于‘一尺之棰，日取其半，万世不竭’的说法，是以朴素的形式，从量这一个侧面，说出了物质的无限可分性这个光辉的思想。但是，如果不限于抽象的量的侧面的考察，而深入到具体的自然界本身的辩证法，那么，这个说法就不能充分说明‘物质的深远的无限性’了。

“‘半’，是个量的概念，‘一’分为两‘半’，事物在质上并没有发生变化，只是在量上小了一半。

“量的分割，到一定的阶段，引起质的变化。

“且不说棰失去一定的长度，就丧失了棰之为棰的性质。当物质的分割达到分子时，就到了一个质的关节点。进一步‘分’，就使分子分解为组成它的各种原子。原子不是半个分子，而是同分子在质上不同的东西。

“原子进一步‘分’，就分解为电子和原子核。电子和原子核都不是半个原子，而是同原子在质上不同的东西。

“如此类推。

“物质的无限可分，并不是无限地、单调地重复某一种特定的‘分’的形式。

“在物质分割的每一个新的关节点上，以科学实验为基础，去探究前所未知的‘分’的新性质、新形式、新规律，使自然科学不断地有新的发展，这正是唯物辩证法所要求于自然科学家的。唯物辩证法根本不容许把某种已知的刻板的公式，强加于自然界、强加于自然科学。

“研究原子的‘分’的新性质、新形式、新规律，使经典物理学发展到量子物理学，实现了自然科学发展史上的巨大飞跃。

“‘基本’粒子的‘分’，虽然现代物理学还没有把它研究得很清楚，无疑却预示着将会出现崭新的性质、形式和规律，研究它们，将会把物理学推进到一个更新的阶段。”

现在有些同志怀疑物质的无限可分性，我觉得，是因为他们以为无限可分说的是同样的“分”的形式的无限重复。现在，对“夸克”的研究的发展，提出了“夸克幽闭”的假说，按照这种假说，单个的自由的“夸克”不可能从幽闭它的空间中释放出来。有些同志据此认为，这就是“物质可分”的极限。在我看来，第一，幽闭说还只是假说；第二，这个假说的提出本身，即已显示出在这个关节点上的“分”，具有全新的、为过去所不了解的性质和形式。这正好说明了物质的不可穷尽性和深远的无限性。

# 毛泽东与逻辑学

高　路

阅读逻辑学书，关心有关逻辑问题的学术讨论，这是毛泽东读书生活的一个侧面。

逻辑是思维和表达的工具，世界上第一部逻辑学著作便是用“工具论”来命名的。毛泽东十分重视方法、工具的掌握和运用。他重视哲学，爱读逻辑学书，提倡学习逻辑知识，也是出于对“工具”的考察和获取的愿望。

在逻辑学领域，毛泽东求贤问业，切磋琢磨，钩深致远，还有一些独到的见解。

## 伦理学、论理学与《穆勒名学》

说到毛泽东早年读逻辑学书的情况，最值得一说的首先是关于读《穆勒名学》的事了。

一九一二年，青年毛泽东利用湖南省立图书馆自学期间，读了很多书。据斯诺《西行漫记》记载，毛泽东后来回忆说那时他读了“约翰·斯图尔特·穆勒的一部关于伦理学的书”

( a book on ethics by John Stuart Mill )。这本书很可能是《穆勒名学》的误记。

误记出在伦理学与论理学之间。伦理学是关于人类社会道德现象的科学，也称道德哲学。毛泽东早年读过泡尔生的伦理学书，还作了很多批注。论理学即我们今天所说的逻辑学，它是关于思维（及其表达）形式的规则的科学。当时的学术界，把这门科学称为论理学，把形式逻辑称为“形式论理学”。

西方的逻辑学传入中国后，对于 Logic 这个术语，曾有过多种译法。最初是参照中国古代的名家和名辨思潮，译作名学、辨学，《名理探》《穆勒名学》便属此类。“论理学”是日本人的译法。中国学术界借鉴了这个译法。三十年代初译的苏联哲学教科书，大都采用这个译法。那时也有译为“理则学”的，孙中山就十分推崇这个译法。[1]以上都属于意译。直接音译为“逻辑”，是章士钊首倡。[2]但是，到三十年代，学术界还未普遍采用。斯诺记录那次谈话所使用的是英语。在英语中，伦理学（ethics）与论理学（Logic）的区别是十分明显的；对中国

〔1〕孙中山：“凡以论理学、辨学、名学而译逻辑者，皆如华侨之称西班牙为吕宋也。……吾以为当译之为‘理则’者也。”（《孙中山选集》，人民出版社 1966 年 11 月版，第 130 页）

〔2〕在梁启超办的《国风报》第 29 期上，章士钊署名民质发表了《论翻译名义》一文，第一次倡议将英文的“Logic”直译为“逻辑”。

人来说，则只有一字在发音上有平仄的差别。听者辨音不准，就可能造成误译。

约翰·斯图尔特·穆勒（今译弥尔、密尔），史称小穆勒。他确有伦理学方面的著作。小穆勒在其父老穆勒即詹姆斯·穆勒（James Mill）的精心培养下，一生涉猎的学术领域较广，著述甚丰。他不仅是古典归纳逻辑的集大成者，还是功利主义伦理学的创始人。但是，在毛泽东所说的时间（一九一二年）以前，穆勒著作的中译本只有两种。一种是《穆勒名学》（原名为“A System of Logic，Ratiocinative and Inductive”，直译应为《逻辑学的体系：演绎和归纳》），最先由金陵金粟斋一九〇五年出木刻本；另一种是《群己权界论》（原名为“On Liberty”，今译为《论自由》），这是一部社会政治方面的书，最先是由商务印书馆一九〇三年出版。这两部书均为严复所译，在辛亥革命前后流传颇广，影响也很大，它们都可能被毛泽东读到。

也许是由于与我们同样的判断，有的译者把斯诺《西行漫记》中那句话，已经订正为《穆勒名学》了。[1]

在辛亥革命前后，逻辑学对中国人来说还是一门比较生疏的学问。严复译《穆勒名学》和《名学浅说》，“这两部书当时

〔1〕见亦愚译，急流出版社 1949 年版的本子，第 95 页；香港现代出版公司印行的《二万五千里长征》，第 123 页。

很负盛名,可是能读的人并不多”。[1]十九岁的毛泽东读了《穆勒名学》,增长了逻辑知识,掌握了思维的逻辑技术,也形成了时刻检查自己思维和表达的逻辑性的良好习惯。

一九二〇年十一月二十六日,毛泽东给新民学会会员罗学瓒写信,谈论四种常见的“论理的错误”,包括以感情论事,时间上以偏概全,空间上以偏概全,以主观概客观。他说:“我自信我于后三者的错误尚少,惟感情一项,颇不能免。……我于后三者于说话高兴时或激烈时也常时错误,不过自己却知道是错误,所谓明知故犯罢了(作文时也有)。”[2]毛泽东所说的四种错误虽然并不都是我们今天所理解的逻辑错误,但这反映了他注意从逻辑学的角度辨别正误,反思、发现自己的不足。

## 三十年代苏联哲学教科书

延安时期,毛泽东“发愤读书”,读得最多的要数哲学书了。当时他精读并作了大量批注的主要是三十年代的苏联哲学教科书(李达的《社会学大纲》也没摆脱苏联学者的影响)。

---

〔1〕冯友兰:《哲学回忆录》。见《中国哲学》丛刊第2辑。
〔2〕《新民学会资料》,人民出版社1980年9月版,第120页。

一九三〇年苏联哲学界开展反德波林学派的斗争以后出版的哲学著作，都是把形式论理学看作形而上学的、唯心论的东西加以否定的。直到一九四〇年为止，这种观点一直占据主导地位。毛泽东读到的哲学教科书，都专设章节批评形式论理学尤其是同一律的客观基础。毛泽东无形中受到了这种看法的影响。

李达、雷仲坚合译西洛可夫、爱森堡等合著的《辩证法唯物论教程》，毛泽东读过多次，在上面的批注也最多。该书在谈到否定观时有这么典型的一段话："辩证法的否定，和形式的、形而上学的论理学的否定，在哪一点上不同呢？在形式论理学，所谓否定是绝对的否定。形式论理学把否定看作完全的取消。……形而上学的论理学，没有看见过程之内部的矛盾的发展、过程之自己的否定。"这里存在着一个未加任何论证的等式：形式的论理学 = 形而上学的论理学 = 形而上学。通过一个算术中的"等量代换"，结果一切本应对形而上学说的话全都转给形式论理学了。

在这段话旁边，毛泽东用毛笔写了一段批注："形式论理学的错误在于把否定看作过程与过程间的外的否定，再则看作绝对的否定，这是完全不理解现实的看法。"[1]这些话若作为批评形而上学的否定观，是十分中肯的，但对于形式逻辑来

〔1〕《毛泽东哲学批注集》，中央文献出版社 1988 年 3 月版，第 119 页。

说，就不合适了。

在毛泽东于一九三七年七八月写的《矛盾论》中，原来有一节讨论“形式论理的同一律与辩证的矛盾律”，其中也是混淆了形式论理学与形而上学，对形式论理学作了类似于苏联教科书那样的批评。解放后着手编辑整理出版《毛泽东选集》时，毛泽东于一九五一年三月八日写信给田家英等人，指出《矛盾论》中“论形式逻辑的后面几段,词意不畅,还须修改”。后来《矛盾论》正式发表时，论形式逻辑的那一节全部删去了。

《矛盾论》发表时所作的“删节”，表明毛泽东的认识前进了。人类对形式逻辑性质、对象的认识，经历了一个深化、发展的过程。三十年代苏联哲学教科书引起的对形式逻辑的误解，则是人类这个总认识过程中的一个阶段，而且是一个必经的阶段。[1]

---

〔1〕亚里士多德创立形式逻辑这门科学时不自觉地混进了对思维内容的探讨。他“预设”了主词存在，因而在叙述中往往把主词与它所指代的事物混淆在一起。经中世纪宗教神学的歪曲利用，越来越多地把对思维内容的研究扯了进来。这种形式逻辑，与黑格尔开始的赋予思维方式含义的“形而上学”，确实不容易区分得很清楚。正是在对形式逻辑与形而上学及辩证法之间关系的认识的推动下，对形式逻辑的性质、对象的认识才逐步明确起来。在与形而上学的比较和区别中，形式逻辑安分于“形式”了。

在古希腊文中，“辩证法”（指相互争辩诘难的方法）一词更接近我们今天所说的逻辑，而“逻辑”一词来源于“逻各斯”，它与我们今天所讲的作为客观事物规律的辩证法倒是同一个意思。黑格尔把自己的哲学辩证法著作命名为“逻辑学”，可能取此意。有些现代逻辑学家（如罗素）批评黑格尔搅乱了逻辑学，但他们自己却没弄清之所以如此的原因。

毛泽东个人恰好经历了这个认识阶段。

毛泽东对形式逻辑性质的认识发生变化，可能与苏联学术界一九五〇年开始的关于逻辑问题的讨论有关。从他读书接受的观念来看，时间也许还早些。这要追溯到一九三八年他读潘梓年的《逻辑与逻辑学》了。

## 潘梓年的《逻辑与逻辑学》

写作《矛盾论》之后半年，一九三八年春天，毛泽东读了刚出版的潘梓年著《逻辑与逻辑学》。

那时，毛泽东刚读完李达著《社会学大纲》，正在读克劳塞维茨的《战争论》。三月二十四日，《战争论》读到第一百一十一页。他在三月二十五日的“读书日记”中写道：潘梓年同志寄来了他所作一册《逻辑与逻辑学》，本日看至九十三页，“颇为新鲜”。

毛泽东为了读刚收到的潘著《逻辑与逻辑学》，放下原来正在读的书，这说明他对逻辑学的兴趣似乎不亚于对战争理论的兴趣。一天读九十三页书，打破了他这一段时间读书进度的纪录。按照他的“读书日记”的记载，这前后的几个月中，他每天读书的数量一般是二十至三十页，最多的一天也只读了五十五页。

接下去，毛泽东只用三天时间，一口气读完了这本学术著作。[1]

《逻辑与逻辑学》不像哲学教科书那样只附带地谈一下逻辑的性质，而是一本成体系的逻辑学书。毛泽东说它“颇为新鲜”，大概是指它把逻辑学分为方法和技术两个部分。该书的篇章结构基本上也分为方法论和技术论两部分。作为思维方法的逻辑学是辩证法。方法论部分的三个章节分别是辩证法的基本规律、辩证诸方法、思维历程。形式逻辑被当作逻辑术，技术论部分的三个章节分别为观察法、统计法、推演法。

潘书关于方法和技术的区分，在观念上有了新的转机。形式逻辑虽然“从方法的地位降而为技术”，只是“充当一名技师”的角色，但它毕竟有了存在的价值和地位。虽然潘书在对形式逻辑性质的叙述中还有前后不一致、自相矛盾之处，[2]

---

〔1〕在毛泽东的“读书日记”中，3 月 26 日记:“潘书，pp.94—174。” 27 日记:“P.175—204，完。” 28 日记 :“《战争论》，pp.112—122。”

〔2〕按照潘书的观点，形式逻辑只配充当思维技术的角色，不够充当思维方法的资格，不属于思维方法，而辩证法、形而上学才是思维方法。那么应该合乎逻辑地得出这样一个结论 : 形式逻辑既不是辩证法，也不是形而上学。按照这个结论，就应该纠正当时苏联哲学教科书中把形式逻辑与形而上学混为一谈的现象。可是潘书却没有作出这样的推论。它时而说形式逻辑涉及的“只是思维形式”，不涉及思维的内容 ; 时而又批评“形式逻辑是把一切自然都当作静止的东西来观察，只去认识它的形状（Being），不知道它有‘行为’（Doing）”，把事物看作“各自独立的东西”，看作“一成不变的固定形态”（《逻辑与逻辑学》，三联书店 1961 年 11 月版，第 20—21 页）。

但它把逻辑区分为方法论和技术论的观点，显然引起了毛泽东的注意。它那自相矛盾的体系也集中暴露出了当时把形式论理学与形而上学混为一谈的错误。五十年代末毛泽东嘱咐重印逻辑专著，潘书也被作为“比较重要的和有影响的逻辑学著作”收入《逻辑丛刊》，于一九六一年重印。这个重印本，毛泽东一直保存着，现在我们在毛泽东故居的卧室中还可以看到它。

“颇为新鲜”这个感受，是毛泽东对潘书的褒奖，也反映出毛泽东的思想倾向性。如果说爱森堡、李达等人当时把形式论理学混同于形而上学必然导致抛弃形式逻辑的话，那么潘书试图在方法和技术这两个名义下把辩证法和形式逻辑结合起来，各司其职，共为思维所用，则是树立起了逻辑学的权威。这个新见解是潘梓年独立思考的成果，用他本人的话说，“是敢想敢说的成果”。它在中国近现代逻辑学史上，起过承前启后的作用。

## 周谷城、王方名的文章

建国初期，我国大学中使用的逻辑学教科书是从苏联译过来的。这时在苏联学术界占主导地位的逻辑观点又支配了我国的学术界。

自从一九四〇年斯大林提倡干部学习形式逻辑，苏联的逻辑学领域开始复苏了，各种观点竞相著书立说。直到一九五〇年以前，占优势的仍旧是三十年代哲学教科书观点的延续，即认为形式逻辑是形而上学的基础，有阶级性、有党性，因而否认形式逻辑，只承认辩证逻辑。一九五〇年，斯大林发表《马克思主义和语言学问题》，逻辑学界也展开了讨论。由于上述观点与斯大林批评的马尔的语言学说相类似，在这次讨论中处于被批评的地位，在《哲学问题》杂志关于逻辑问题讨论的"总结"中，甚至把持有这种观点的人，斥为"马克思主义庸俗化者"。继之而起占主导地位的观点，是承认形式逻辑，但认为它与辩证逻辑是低级与高级的关系。其代表性教科书，斯特罗果维契的《逻辑》，很快被译成中文，成为流行的教科书。

毛泽东读了斯特罗果维契的《逻辑》一书，不同意它对形式逻辑地位的看法。毛泽东有个特点，在他自认为不懂或不甚懂的科学领域，格外谨慎。对于逻辑学，直到后来他读了很多专著、论文，已形成了自己一套逻辑观之时，仍旧很谦虚，自称"无多研究"，还"不敢有所论列"。[1]因而，在一九五六年以前，他对以《逻辑》一书为代表的逻辑观没有随便品评。

一九五六年，《新建设》二月号上发表了周谷城的《形式

〔1〕《致周谷城》（1958年7月28日）。见《毛泽东书信选集》，中央文献出版社2003年11月版，第500页。

逻辑与辩证法》一文。该文提出了新的见解：形式逻辑的对象是推论方式，它的法则只是对推论过程的形式规定，它的任务侧重于依据大前提如何推论，却不追问大前提是怎样成立的；它对任何事物都没有主张，因而没有观点上的倾向性，没有阶级性；它既可为辩证法服务，也可为形而上学服务；既能为正确的主张服务，也能为错误的主张服务；在认识活动中，“辩证法是主，形式逻辑是从；主从虽有别，却时刻不能分离”。对辩证法与形式逻辑关系的这种“主从”说，对于当时流行的“高低级”说是一种挑战。

“风乍起，吹皱一池春水。”中国五十年代那场关于逻辑问题的讨论，就以对周谷城的这个观点的不同看法之间切磋的形式拉开了序幕。

周谷城的文章一登出，毛泽东就注意到了。他十分欣赏这篇文章的探索精神和新见解。

一九五七年二月十六日，毛泽东召集中央报刊、作家协会、科学院负责同志开会。当谈到批评要有说服力时，毛泽东说：《新建设》上周谷城写了一篇逻辑问题的文章，我看也不错。

毛泽东的赞许态度，对周谷城本人也流露过。当时参加讨论的文章绝大部分都是和周谷城“商榷”的。毛泽东鼓励周谷城，不要怕，积极写文章，继续辩论。他们之间还有下面这么一段有趣的对话：

周说：我的意见很少人赞成，我很孤立，成了众矢之的。

毛泽东告诉他：你的意见有人赞成，并不孤立。

周说：怕不见得。如果有人赞成，那当然好。

毛泽东说：人民大学的刊物《教学与研究》上，有人写文章，和你的观点相同。

周说：我没看见。

毛泽东表示：我可以叫人寄给你看看。

这次谈话的地点在上海。毛泽东回到北京后，叫人给周谷城寄去了几本刊物，有关地方还折角作出记号。

一九五七年四月十日，毛泽东接见《人民日报》负责同志和有关人员。在谈到哲学界正在讨论的形式逻辑问题时，毛泽东说，周谷城的观点比较对。还说：我曾告诉周谷城，人大有个王方名，他的观点和你相同。

上面提到的毛泽东和周谷城在上海的谈话，在一九五七年四月十日以前。在这之前，王方名在《教学与研究》上与周的观点相似的文章共三篇，分别登在当年的第一、二、四期上，均署名“求实”。这三篇文章,对三个流行的逻辑观点提出质疑。第一篇是对所谓形式逻辑是“初步规律”的说法的质疑。第二篇是对所谓形式逻辑的客观基础是事物的相对稳定状态和质的规定性的说法的质疑。第三篇是对形式逻辑内容和体系方面的质疑。毛泽东对这三篇文章相当欣赏。[1]

一九五七年四月十一日，毛泽东在中南海颐年堂邀集逻辑学界、哲学界人士研讨逻辑学讨论中提出的问题。周谷城、王方名都在场，此外还有金岳霖、冯友兰、郑昕、贺麟、费孝通等人。这次聚会在周谷城和王方名之间，起到了牵线搭桥的作用。毛泽东从中撮合说：你们两人的观点很接近，可以做学术上志同道合的朋友。

这次谈话，除了论及各人的专业经历、研究成果和一些逻辑问题之外，毛泽东还以自己的革命实践经验为话题，说到领导革命必须实事求是、独立思考；搞科学研究，也必须实事求是、独立思考。不能让自己的脖子上长别人的脑袋，即使对老师，也不要迷信。

在当时学术界的气氛中，毛泽东强调这一点，有特别的意义。它包含着对周、王二人勇于探索理论的勇气的鼓励，也包含着对逻辑学界的期望。当时周谷城的逻辑观点在讨论中的处境确如他自己所说的，很孤立，成为众矢之的。当然，赞成他的主要观点的逻辑学专家是大有人在的，不过他们没有参加这

〔1〕经毛泽东建议，王方名的几篇文章还汇集成一小册子《论形式逻辑问题》，1957 年 10 月由中国人民大学出版社作为《教学与研究》丛书出版。

场讨论。坚持“高低级”之说，并在讨论中批评周谷城的“主从”说的作者们，主要是靠援引马克思主义经典著作中的结论，具体说是引恩格斯的一个比喻。在《自然辩证法》中，恩格斯把使用“固定不变的范畴”比喻为“就好像是逻辑的初等数学”。[1]在《反杜林论》中，恩格斯又说：“初等数学，即常数的数学，是在形式逻辑的范围内活动的，至少总的说来是这样；而变数的数学——其中最重要的部分是微积分——本质上不外是辩证法在数学方面的运用。”[2]

比喻对于帮助理解是有益的，但比喻只具有某种相似性，毕竟不能算作精确的论证。逻辑学毕竟不是数学。严格说起来，它们研究的对象之间是不可比的，这属于另外的问题。对于当时的周谷城来说，面临着这样一个更高层次的严肃的理论问题：对马克思主义经典作家的话持什么态度？何止语言有层次性[3]，科学理论也有层次性。在更高一级的层次上，科学问题与哲学问题、学术问题与政治问题就会联结起来。知识是一个系统，它内部的各个部分之间本来就是互相联系，可以互相转化的。这也是一个辩证法。

---

〔1〕《自然辩证法》，人民出版社 1984 年 10 月版，第 66 页。

〔2〕《反杜林论》。见《马克思恩格斯选集》第 3 卷，人民出版社 1995 年 6 月版，第 477 页。

〔3〕 语言层次理论是为解决语义悖论而提出的。

毛泽东是富有洞察力的。他准确地把握住了争论的焦点。他强调科学研究要实事求是，独立思考，正是从科学态度的角度来解决问题，指出方向。这样，他既从根本上指出了学术讨论应该坚持的原则性的立场，又含蓄地表达了自己的思想观点倾向，也起到了保护学术讨论中占少数却比较正确的一方。这是哲人的智慧，政治家的艺术。

毛泽东当时没有明确说出自己的看法，主要是因为“问题还在争论之中”，出于对学术讨论自由的维护，对专家学者的尊重。他并不掩饰自己的观点，也不避讳什么教条。在私下里，他就和周谷城说过。他夹用英语很风趣地说：formal logic 本来就是 formal 的，它是一门独立的学问。

一九六五年十二月在杭州，毛泽东更明确地说：说形式逻辑好比低级数学，辩证逻辑好比高等数学，我看不对。形式逻辑是讲思维形式的，讲前后不相矛盾的。它是一门专门科学，同辩证法不是什么初等数学和高等数学的关系。数学有算术、代数、几何、微分积分，它包括许多部分。形式逻辑却是一门专门科学。任何著作都要用形式逻辑，《资本论》也要用。形式逻辑对大前提是不管的，要管也管不了。那得由各门科学来管。他还举例说明，各个阶级可能从不同的前提出发进行推理，政治上互相对立的派别会从对立的前提作推理，得出的结论也相反，但并不妨碍他们的推理都是合乎形式逻辑的。换句话说，毛泽东认为形式逻辑不管前提的思想内容，因而没有阶级性。

## 在五十年代后期的逻辑学讨论中

毛泽东关于形式逻辑性质的正确见解，来源于认真读书（逻辑学书籍和论文）和思考。在逻辑学讨论中，他始终密切注意各种观点的文章，跟踪阅读，广收博览。

一九五八年六月十九日，毛泽东给机要秘书高智写了一封信：

> 高智同志：
>
> 请你在上午找一本1956年一月号的《新建设》；再将《哲学研究》1957年全年六期（第四期已到）找来为盼！
>
> 毛泽东
>
> 六月十九日上午七时
>
> 《新建设》1956年全年各期，1957年全年各期都找来更好。马特和周谷城两篇在《人民日报》发表的文章，在江青那里，请给我于上午找来。

据高智回忆，毛泽东当时是在研究形式逻辑。“马特和周谷城两篇在《人民日报》发表的文章”，分别指《人民日报》

一九五八年四月十五日刊登的马特的《关于逻辑问题的讨论》、六月十四日刊登的周谷城的《六论形式逻辑与辩证法——略答马特》。马特的文章是对讨论情况的综述，但带有倾向性，而且把争论看作“两条不同的学术路线的斗争”，批评周谷城、王方名的观点“是一条逻辑理论中的修正主义路线”。附带说一句，在那次讨论中，马特是坚持斯特罗果维契观点的主要代表。周谷城的《六论》与马特的文章是针锋相对的。

周谷城的文章刚登出，毛泽东就请周谷城从上海到北京中南海来共同讨论逻辑问题。六月十七日晚上，毛泽东在中南海游泳池同周谷城专就逻辑问题进行了长谈。毛泽东对逻辑问题的讨论移到《人民日报》上展开这个新情况十分关注。他认真读了这两篇文章，并把这两天的报纸收藏起来，留待仔细研究。

毛泽东借《新建设》和《哲学研究》，显然也是查阅有关逻辑学方面的文章。有关逻辑问题的讨论最初是在《新建设》上展开的。毛泽东要该刊一九五六年第一期，可能是想了解讨论开始前的情况。在他这张条上开列的刊物中，关于逻辑的文章，《新建设》上有十五篇，《哲学研究》上有两篇。

一九五八年七月一日，在毛泽东开列的一张索书条上，要该年“一至六月《哲学研究》”，可能是继续查有关逻辑学的文章。

一九六〇年三月二十四日，毛泽东向其他同志推荐《哲学研究》一九五九年第一期和第十二期，一九六〇年第一期和第三期。毛泽东还建议政治局委员人人都订一份《哲学研究》。当然，这一时期，毛泽东关心的主要是思维与存在的统一性问题的讨论，感兴趣的主要是工农兵学哲学、用哲学的文章。这期间的《哲学研究》上面有关讨论逻辑问题的文章，可能他也都看到了。

在这次关于逻辑问题的讨论过程中，毛泽东多次邀集有关人士谈逻辑问题。前面已经分别提到，一九五七年四月十日以前在上海和周谷城谈过一次，同年四月十一日和周谷城、王方名、金岳霖等谈过一次，一九五八年六月十七日晚上和周谷城又谈一次。除了这些之外，毛泽东还多次召集理论界的有关人员聚谈当时讨论中提出的逻辑问题。

一九五七年三月十五日，毛泽东在中南海颐年堂召集康生、陆定一、陈伯达、胡乔木、胡绳、田家英等聚谈过一次逻辑问题。在这次谈话中，毛泽东反复强调了两个观点：一是形式逻辑与辩证法之间没有低级、高级之分（毛泽东还举了很多例子进行说明）；一是形式逻辑是普遍适用的，没有阶级性。

一九五八年六月二十六日，毛泽东在中南海游泳池再一次聚谈逻辑问题。参加的有康生、陆定一、陈伯达、胡绳、田家英、周谷城。从下午五时四十五分一直谈到晚上十一点半。

此后的几年中，毛泽东一直关注着逻辑学研究的进展。

## 朱波的两篇文章

一九六五年十月八日上午，毛泽东在谈话中提到：《光明日报》今天有篇文章，谈逻辑的。他指的是朱波的《形式逻辑同一律客观基础的探索》一文。该文既不同意把形式逻辑的同一律与客观事物规律等同起来，又不同意把它与客观事物完全割裂开来，而认为它反映的是思维的确定性，它的客观基础是客观事物的确定性。这种观点是动脑筋思考了的，比那些把形式逻辑“规律”等同于事物规律的庸俗化做法前进了一步。这个问题到今天也并非都弄清楚了。问题就出在这“规律”二字上面。形式逻辑的同一律、排中律、不矛盾律等，是对思维活动及其表达形式的规范、戒律，并不是思维本身具有的内在必然规律。若思维自然而然便如此，学逻辑知识就成了多此一举。事实上恰好相反，人们的思维只有经过训练才能达到逻辑上的自觉。在日常思维活动中，违反逻辑的现象屡见不鲜，怎么能说是“规律”呢？从某种意义上说，逻辑和道德一样，是一门规范的科学；它是人类自觉、文明的象征，是思维对思维本身的规范，因而是人类思维本身反思的产物。

就在这次谈话中，毛泽东不无遗憾地指出：我们的党员研究哲学，就是不研究逻辑。

一九六五年十二月，《红旗》杂志第十二期上刊登了《充足理由律在形式逻辑中的地位和作用》一文，署名邵友勋，其实还是朱波所写。该文提出，充足理由律能否作为形式逻辑的一个规律，要看对它如何理解：要求推理前提真实可靠这样意义上的充足理由是不存在的，要求人们在思维过程中具有连贯性、论证性（前提与结论之间有逻辑联系、前提是推出结论的理由）这样意义上的充足律是有的，它属于形式逻辑的一个要求，也与形式逻辑一样，没有阶级性。

毛泽东读了这篇文章，对这个问题他有自己的看法。一九六五年十二月在杭州的那次谈话中，当有人提到朱波这篇文章时，毛泽东说：什么充足理由律？我看没有什么充足理由律。不同的阶级有不同的理由。哪一个阶级有充足的理由？

毛泽东这里说的“理由”，即推理的前提、论证的论据。人们常说的充足理由律是相对于推论和证明而言的，它包括两方面的要求：（1）理由（即前提、论据）的内容真实；（2）理由能必然地推导出结论，换句话说，推论的形式正确。[1]一个推论或论证的真实正确要靠这两条共同做保证。由于形式逻辑是撇开内容，仅从形式方面来研究推理论证的，而真实与否是认识的内容问题，涉及到作为前提的命题的思想内容，毛泽东从这个意义上否认充足理由律在形式逻辑中的地位，是完全正

〔1〕 对这一条逻辑要求的表述，各书还有些细微的差别。

确的。[1]至于把“充足理由律”仅限制在形式方面，仅理解为结论必须在形式上逻辑地包含于前提之中，能否继续保留在形式逻辑之中呢？这倒是一个很有意思的问题。[2]

毛泽东那段话是否有认识论上的含义，即他是否也否认理由在内容的真实可靠性上有一致的标准呢？从字面上看，毛泽东是持否定观点的。这个问题比较复杂，与本文主旨无关，不再详细分析。这里只从原则上指出，要区分价值判断和事实判断，毛泽东否认的是价值判断中存在各个阶级共同的充足理由。如果误以为对于事实判断各个阶级也有权自立标准，各行其是，那么在理论上势必导致否认客观真理的存在。

---

〔1〕对这个问题的看法至今还存在着很大的分歧，坚持认为要保留充足理由律的看法，是一家之见。现在，逻辑学界比较多的人不赞成这种见解。

〔2〕在现代符号逻辑（亦称“数理逻辑”）中，推理是一个公式，正确的推理是形式上常“真”的公式（叫“重言式”），其前提（前件）和结论（后件）之间是一种包含关系。这种逻辑上或形式上的“真”，即指结论的外延包含于前提的外延之中，前提是推导出结论的充分条件，换句话说即充足理由。朱波的文章把原来“充足理由律”的两条要求分解开，实际上是区分（内容上）真实性与（形式上）正确性的思想的应用。形式逻辑要求推理和证明在形式上正确，即具有形式上的“真”。若把“充足理由律”作这种理解，当然是可以承认的，也是必须承认的。因为逻辑尽管也要管推理形式的有效性问题，但是，“充足理由律”毕竟是一个有特定内涵的术语，重新作约定，新酒装进旧瓶，另一派还在原来的含义上使用着这个术语，不免发生混乱。更何况现在已有了“有效性”“重言式”等更为精确的术语了呢。

# 《逻辑学论文集》与《逻辑丛刊》

一九五九年七月二十八日，毛泽东在给康生的信中谈到："我有兴趣的，首先是中国近几年和近数十年关于逻辑的文章、小册子和某些专著（不管内容如何），能早日汇编印出，不胜企望！姜椿芳同志的介绍甚为有益，书目搜编也是用了功的，请你便时代我向他转致谢意。"〔1〕

毛泽东提议编印逻辑学论文集和专著，并不是在这封信中才提出的。根据章士钊一九五九年五月为重版《逻辑指要》所写的序言来推断，早在五月以前已分别着手做这两件事了。章士钊在这份后来未用的序言（手稿）中说，"近日"中央政治研究室逻辑组和人民出版社哲学组的同志为重印《逻辑指要》的事宜"见访，并提示校勘质疑若干条，知两君已于鄙著浏览有素……自后，余自行拎阅一遍，稍有增改"。五月章士钊已把《逻辑指要》全书校改完毕。逻辑学文章篇目的"搜编"自当也已基本完成，送毛泽东阅览。当时这两件事是由两个单位分工做的，中共中央马恩列斯著作编译局分工负责收集、编辑《逻辑学论文集》，中共中央政治研究室分工负责挑选、编辑逻辑学"专著"。姜椿芳当时任编译局副局长，编辑《逻辑学论

〔1〕《毛泽东书信选集》，中央文献出版社 2003 年 11 月版，第 518 页。

文集》的工作即由他负责，“书目搜编”可能指的就是搜集编印的论文篇目。

毛泽东说逻辑学论文篇目的“搜编也是用了功的”，大概指其搜集的篇目数量上齐全，编排上既照顾到了发表时间的先后顺序，又照顾到专题性。在此之前，《哲学研究》编辑部编过一本《逻辑问题讨论集》，于一九五九年四月出版发行。但这个集子“并不是把所有的逻辑文章都选入”，甚至有些争论中的文章“也未收入”。要了解新中国成立以来逻辑学研究的全貌、争论的背景，只读这个“讨论集”是不够的，因而需要另编一套“论文集”。姜椿芳等人编的《逻辑学论文集》，收入了一九五三年以后发表的全部逻辑学论文，共一百五十篇，分为六集。其中第三、第四集是两个专集。第三集收入的主要是苏联译文，第四集收入的主要是数理逻辑和中国逻辑思想史论文。这套论文集一九五九年八月印出，可惜始终未公开出版。

中央政治研究室的逻辑组担负起了挑选“专著”的任务。他们编的一套《逻辑丛刊》，由三联书店出版了。这套书共十一本，分别是《逻辑与逻辑学》（潘梓年著）、《逻辑》（金岳霖著）、《逻辑指要》（章士钊著）、《新论理学》（张子和著）、《名学纲要》（屠孝实著）、《名理探》（傅汎际译义，李之藻达辞）、《穆勒名学》（穆勒原著，严复译述）、《名学浅说》（耶方斯著，严复译）、《辨学》（耶方斯著，王国维译）、《论理学纲要》

（十时弥著，田吴炤译）、《逻辑史选译》（齐亨等著，王宪钧等译）。[1] 毛泽东一直把这套重刊的逻辑书保存在身边。

毛泽东不满足于看逻辑学论文，他还希望系统地看全部“专著”；他不满足于只了解“近几年”的讨论情况和各种见解，还希望了解中国“近数十年”的研究概况、认识的历史发展；他不仅对西方的逻辑感兴趣，也想对中国传统的逻辑思想有更多的了解。一九五八年他就和周谷城说到过这样的意思。他说最好把古今所有的逻辑书都搜集起来，印成一部丛书，还在前面写几句话，作为按语。[2] 为“写几句话”的事，还有一段有趣的插曲。

《毛泽东书信选集》中收入了一九五八年七月二十八日毛泽东给周谷城的一封信。信中说：

> 两次热情的信，都已收到，甚谢！大著出版，可资快读。我对逻辑无多研究，不敢有所论列；问题还在争论中，由我插入一手，似乎也不适宜。作序的事，不拟应命，

---

〔1〕这十一本“专著”是从解放前出版的数十种逻辑书中挑选出来的，它们都是较有代表性和参考价值，影响较大的。

〔2〕周谷城：《回忆毛主席的教导》。见《毛泽东同志八十五诞辰纪念文选》，人民出版社 1979 年 4 月版，第 191 页。

可获谅解否？[1]

周谷城在逻辑学方面的“大著”是论文集。一本是以周谷城的逻辑学论文为主体的论文集《形式逻辑与辩证法问题》。它以周谷城一九五六年那篇文章为开卷篇，一批一驳，依次展开，共二十篇论文，其中周谷城的占十篇。另一本是《形式逻辑与辩证法》，收的全是周谷城个人的逻辑论文。“大著”指的是哪一本并不重要，“作序”一事多少有点误会。从周谷城方面说，既然毛泽东说要印逻辑丛书，这本论文集是否在列，他是不清楚的；毛泽东又说过在前面写几句话，周谷城以为毛泽东愿意写几句话。从毛泽东方面说，要他“作序的事”是就某本具体的“大著”而言的。他不愿作序，显然是为了维护逻辑界自由讨论的学术气氛，维持逻辑学界“百家争鸣”的局面。

读报纸杂志上的论文，便于及时了解学科研究的前沿和最新成果。但对于系统地研究来说，查借不方便，随手翻阅也很麻烦。毛泽东组织人汇集专题文献，为逻辑学研究做了一项基础工作。

---

〔1〕《毛泽东书信选集》，中央文献出版社 2003 年 11 月版，第 500 页。

# 章士钊《逻辑指要》及重版序言

《逻辑丛刊》收入的十一本逻辑专著，现已确知其中有三本为毛泽东读过。前面谈到的《穆勒名学》和《逻辑与逻辑学》是解放前读的，第三本即章士钊的《逻辑指要》，是解放后读的。在收入《逻辑丛刊》之前，毛泽东读了它的初版本。

据章士钊为此书所写（未用）的那个序说："北京解放后，一日，主席毛公忽见问曰：'闻子于逻辑有著述，得一阅乎？'予踌躇答曰：'此书印于重庆，与叛党有关，吾以此上呈一览，是侮公也，乌乎可？'公笑曰：'此学问之事，庸何伤！'……越三月，公见召，以原书确于案。"毛泽东"輾然相谓曰：吾于此书已一字不遗者 × × 阅一通。多少年来吾览此类述作亦夥矣，然大抵从西籍迻译得来，不足称为专著，独子刺取古籍材料，排比于逻辑间架之中，在同类书中，为仅见。……吾意此足以为今日参考资料，宜于印行。"这也是《逻辑指要》得以选入《逻辑丛刊》的原因之一。

《逻辑指要》的初版本，是一九四三年在重庆出的。其中有一篇自序说："今岁二月，吾为国民参政会事，于役重庆，议长蒋公以精神之学教天下，审国人用智浮泛不切，欲得逻辑以药之，而求其人于吾友张君劢，君劢不审吾学之无似，为之游扬。公遂虚衷自牧，不耻下问，并督为讲录，俾便览观。……

于返港之明日，伸纸吮笔，纵其所之。”毛泽东既然知道章士钊的著述，这些情况也不会一无所知。“学问之事，庸何伤！”表明在这件事上，毛泽东是以科学的态度来看待学术与政治之间关系的。一个人的政治态度只能历史地去看待。人民需要继承、吸收历史上一切有价值的思想文化成果。章士钊在逻辑学中是有独到之处的。他早于一九一八年就在北京大学讲授过逻辑学，影响很大，曾先后几易大教室仍座无隙地，一时传为佳话。《逻辑指要》即根据这些讲课提纲整理出来的。该书“以欧洲逻辑为经，本邦名理为纬”，运用西方形式逻辑的框架，系统地叙述了中国古代尤其是先秦的逻辑思想。虽然对有些史料的分析不乏牵强之处，但它独辟蹊径，开创了新的研究领域，论证了一个真理，即“逻辑之名，起于欧洲，而逻辑之理，存乎天壤”。他用确凿的史料驳斥了中国无逻辑的偏见谬论，在中国近代逻辑学史上，是一件空前的事。

毛泽东对《逻辑指要》的评价是中肯的。“足以为今日参考资料”，这是难得的褒奖。《逻辑指要》的价值，与其说在逻辑理论的创新方面，不如说在中国逻辑研究的开拓方面。当然，草创也难免于粗糙，空前的东西并不绝后。章士钊后来曾说它“是一部逻辑发展史匆遽而紊乱的速写”。“花香不在多”，就这些已足够“宜于印行”，“为今日参考资料”。

毛泽东十分关心章士钊《逻辑指要》的重版事宜。一九五九年六月七日，他在给章士钊的信中说："各书都收，读悉，甚谢！实事求是，用力甚勤，读金著而增感，欲翻然而变计，垂老之年，有此心境，敬为公贺。既有颇多删补，宜为几句说明。即借先生之箸，为之筹策。"接着附上了为其代拟的一篇"说明"。[1]当时毛泽东正在感冒病中。信中说："我害了一个月感冒，前书未复，方以为歉。忽得六日信，极为高兴，倚枕奉复。"

从毛泽东代拟的"说明"来看，章士钊在六日的信中较详细地谈了自己修改《逻辑指要》的情况。毛泽东代拟的"说明"，从文体上来说，是一篇十分精彩的"重版序言"。它既谈了重印旧作的由头、修改情况，又联系到当时学术界的背景，谈了对旧作的态度。总共不过二百四五十字，容纳了这么多的信息，字字着意，句句含理。

过了一周，六月十四日，章士钊重新写出了"重印说明"。除前面加了一段有关该书写作经过和一些自我评价性的话外，基本上吸收了毛泽东代拟的"说明"的内容，有很多还是原话照抄的。一九六一年正式刊印的《逻辑指要》，采用的即是这份"说明"。

毛泽东到了晚年，读逻辑书的兴趣仍旧很浓。他让有关方

〔1〕《毛泽东书信选集》，中央文献出版社 2003 年 11 月版，第 515 页。

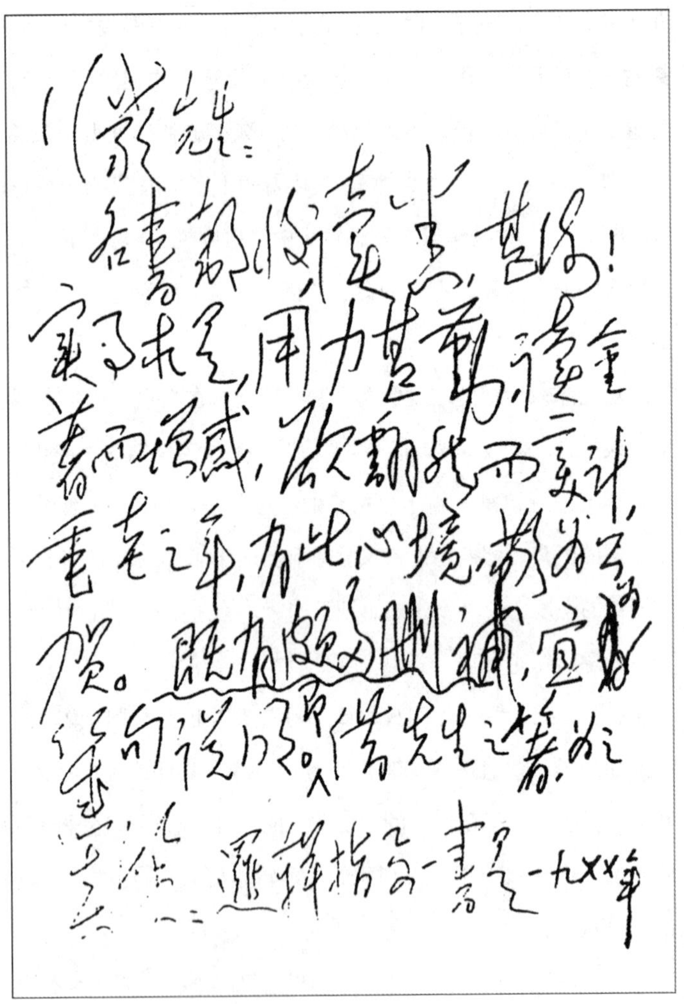

行严先生：

各书都收读，甚谢！实事求是，用力甚勤，读金著而有感，欲罢而不能，计垂老之年，有此心境，敬为先生贺。[illegible]宜[illegible]借先生之著於[illegible]

[illegible]逻辑指要一书是一九xx年

毛泽东给章士钊的信（1959 年 6 月 7 日）

著作。一九五九年中国[illegible]中央政治研究室曾编逻辑丛书之议，拙作在徵求之列。於是以一个月工夫，亲自校勘一遍。因原稿不在手边，[illegible]大约吃力。全稿计删去不合时宜者三十分之一，增補的要多一点，都不限於古籍例证，[illegible]

而已。近来逻辑引起了学术界的极大兴趣，于逻辑范围及其与辩证法的关系，争论方兴，鄙人对此，未能参战，我亦不是很有兴趣的。旧作重印，不敢说对于方今争论有所裨益，作为参考材料之一，或者竟能引起

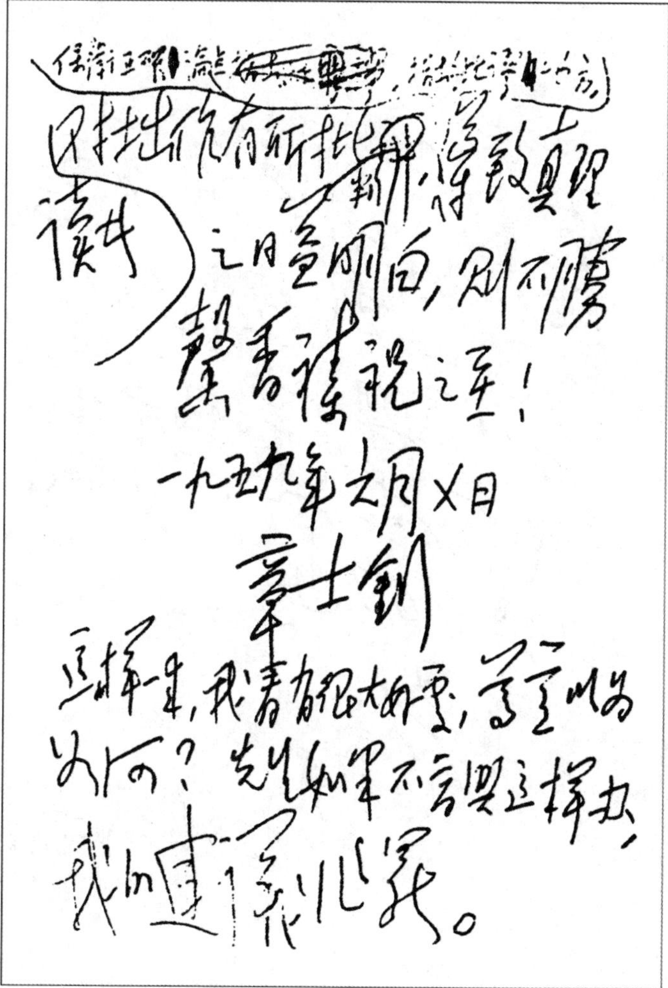

因指出作者所批判，读者得致真理之日益明白，则不胜馨香祷祝之至！

一九五九年六月X日

章士钊

这样一来，我看有很大好处，尊意以为如何？先生如果不愿这样办，我们也就作罢。

我害了一个月感冒，前读来覆，方以为歉。忽闻纳信，极为高兴，信据本度，敬颂教安

毛泽东

1959年6月7日上午八时。

面把有的逻辑学书印成大字本来读。

一九六五年二月十三日，毛泽东在一本《近代逻辑史》封面上写了一个批语："田家英同志：此书印成大字本一万册，这种小字本是不适合老头子读的。"

《近代逻辑史》是苏联巴·谢·波波夫所著，一九六四年十二月刚由上海人民出版社出中译本。它正好满足了毛泽东希望了解西方逻辑学史的愿望。顺便说一句，《逻辑丛刊》重印了解放前出版的较有影响的逻辑学专著，至于解放后出版的各种逻辑学书，毛泽东几乎搜集全了。

# 读苏联《政治经济学教科书》的谈话

石仲泉

一九五八年八月，党中央政治局北戴河扩大会议后，大办钢铁的群众运动和人民公社化运动的潮流涌向全国。这两个运动掀起的“共产风”，严重地破坏了国民经济，搞乱了人们的思想。

为了帮助各级干部更多地了解马克思主义基本经济理论，纠正错误认识，毛泽东在号召学习斯大林的《苏联社会主义经济问题》时，还要求学习苏联科学院经济研究所编写的《政治经济学教科书》的社会主义部分。他说：我们研究公社的性质、交换、过渡这些问题，可以参考的材料还是斯大林那个《苏联社会主义经济问题》。讲社会主义政治经济学的，除了斯大林这篇跟那本《教科书》以外，成系统的东西还没有。他在十一月九日发出的致中央、省市自治区、地、县四级党委委员的信中，建议广大干部有时间可以读读苏联同志们编的那本《政治经济学教科书》。[1]

---

〔1〕《毛泽东文集》第7卷，人民出版社1999年6月版，第432—433页。

在一九五八年十一月下旬的武昌会议期间，中央宣传部的内部刊物上登载了中国科学院经济研究所整理的“苏联《政治经济学教科书》第三版的重要修改和补充”材料。毛泽东提议印成会议文件发给到会同志。十一月二十一日，他在讲话中说：苏联《政治经济学教科书》第三版的要点，你们看一下。我们这些人，包括我在内，社会主义经济规律是什么东西，过去是不管它的。现在我们真正搞起来了，全国也议论纷纷。斯大林的书，我们要看一下。《政治经济学教科书》也要看，每人发一本，把社会主义部分看一遍。在十二月的八届六中全会上，他进一步指出：郑州会议提出研究斯大林这本书，苏联的《政治经济学教科书》，还有一本《马恩列斯论共产主义社会》。〔1〕大家没有看，要拿出几个月时间，请各省组织一下。为了我们的事业和当前的工作来研究政治经济学，“比平素我们离开实际专门看书要好得多”，“在目前，研究这个问题有很大的理论意义和现实意义”。〔2〕

一九五九年的庐山会议初期，毛泽东拟定会议要讨论的十八个问题，头一个问题“读书”，就是读苏联《政治经济学

〔1〕《马恩列斯论共产主义社会》，系《马克思　恩格斯　列宁　斯大林论共产主义社会》的简称，由中宣部组织编选。

〔2〕 毛泽东在 1958 年 12 月 9 日的讲话。

教科书》。[1]七月二日，他在中央政治局常委扩大会议的讲话中明确指出："有鉴于去年许多领导同志，县、社干部，对于社会主义经济问题还不大了解，不懂得经济发展规律，有鉴于现在工作中还有事务主义，所以应当好好读书。""中央、省、市、地委一级委员，包括县委书记，要读苏联《政治经济学教科书》(第三版)。时间三至六个月，或者一年。"还说："现在这些人都是热锅上的蚂蚁，要把他们拿出来冷一下。去年有了一年的实践，再读书会更好些。学习苏联，要读《政治经济学教科书》，教科书有缺点，但比较完整。"[2]毛泽东的这番考虑是好的，可是庐山会议后期，对彭德怀等同志开展的错误批判，扭转了会议的方向，冲击了读书的安排。

"反右倾"高潮过去后，一九五九年冬，党中央重新强调学习苏联《政治经济学教科书》(修订第三版)。

这年十一月初，刘少奇到海南岛，和广东省委的负责同志组成了学习这本书的读书小组，还请了著名经济学家王学文和薛暮桥参加。

一九六〇年一月，在上海中央工作会议讨论国民经济计划

〔1〕《庐山会议讨论的十八个问题》(1959年6月29日、7月2日)。见《毛泽东文集》第8卷，人民出版社1999年6月版，第75—76页。

〔2〕同上。

时，毛泽东再次号召领导干部要学习苏联《政治经济学教科书》，并且肯定了读书小组的办法。他说：我有一个建议，中央各部门的党组，各省、市、自治区党委，应组织起来读《政治经济学教科书》，先读下半部（社会主义部分）。现在一月差不多还有半个月，还有二月、三月、四月，以第一书记挂帅，组织个读书小组，把它读一遍。至于上半部（资本主义部分），也要定个期限。今年主要精力恐怕是读经济学。国庆节以前，把苏联《政治经济学教科书》读完。读的方法是用批判的方法，不是用教条主义的方法。这么一个建议，如果可行，就这么做。

二月中旬，周恩来到广东从化与国务院部分部委和中南局的领导同志组成读书小组，学习苏联《政治经济学教科书》。他们用了三个星期，将社会主义部分通读了一遍。

在刘少奇读书之后和周恩来读书之前，毛泽东本人从一九五九年十二月十日到一九六〇年二月九日，组织了一个读书小组，先后在杭州、上海和广州读苏联的《政治经济学教科书》。参加读书小组的，有陈伯达、胡绳、邓力群、田家英等。这个读书小组采取边读边议的方法，逐章逐节地讨论。[1]过去

---

〔1〕毛泽东当年的秘书林克，也参加了这一读书活动。根据林克日记所载，毛泽东于一九五九年十二月十日在杭州开始读这本书，时间安排在每天下午，进度是每天边读边议十页左右，少则五页，多则十九页，除星期天休息外，从未间断。到二月五日至九日，在广州读完了全书。

人们以为毛泽东有个关于读苏联《政治经济学教科书》的读书笔记，其实毛泽东本人没有写读书笔记。只是在边读边议时，他发表了许多谈话，参加读书的同志将他的谈话整理成了笔记的形式。保存下来的谈话记录有两个本子：一个名为《读〈政治经济学教科书〉下册的笔记》，一个是《读苏联〈政治经济学教科书〉社会主义部分的谈话记录稿》。前者将毛泽东的谈话按问题作了归纳，加了小标题。这个本子在周恩来读书小组内作过宣讲，流传较广。后者以苏联《政治经济学教科书》的章节顺序，按边读边议形式，记录了毛泽东的谈话。

毛泽东读《政治经济学教科书》发表的意见（以下有的简称“谈话”），反映了毛泽东本人和党中央对中国的社会主义经济建设问题的艰苦探索，其中既有大量重要的经验，也含有在认识过程中不可避免地产生的失误。所有这些，都是我们的宝贵财富。现在把毛泽东发表的一些重要意见介绍如下。

## 对社会主义革命经验的新认识

建国以后，党中央很注重总结我国的历史经验。一九五六年四月毛泽东的《论十大关系》和党的八大刘少奇代表党中央作的政治报告，一九五七年二月毛泽东的《关于正确处理人民内部矛盾的问题》讲话，都对我国以生产资料私有制改造为中心的社会主义革命的经验做过总结。在读苏联《政治经济学教科书》(以下有的简称“教科书”)的过程中，毛泽东继续总结这方面的经验，提出了一些新的看法，其中主要有：

**关于反对官僚资本**

在旧中国，以蒋、宋、孔、陈四大家族为代表的官僚资本集团，控制了全国的经济命脉(占旧中国工业资本的三分之二左右，占全国工矿、交通运输业固定资产的百分之八十)。到一九四九年底，我国基本上消灭了官僚资本主义经济。

怎样认识消灭官僚资本的性质呢？在相当长的时间内，人们的认识并不一致。党中央在一九五六年就对这个问题作了说明。刘少奇在八大报告中指出，没收官僚资本，“为我国社会主义经济的优越地位奠定了基础”。[1]在读《政治经济学教科书》的谈话中，毛泽东指出：“反对官僚资本主义的斗争，包括着两重性：一方面，反官僚资本就是反买办资本，是民主革命的性质；另一方面，反官僚资本就是反对大资产阶级，又带有社会主义革命的性质。”还指出：“过去有一种说法，民主革命和社会主义革命可以毕其功于一役。这种说法，混淆了两个革命阶段，是不对的；但只就反对官僚资本来说，是可以的。

〔1〕《刘少奇选集》下卷，人民出版社1985年12月版，第208页。

官僚资本和民族资本的比例，是八比二。我们在解放后没收了全部官僚资本，就把中国资本主义的主要部分消灭了。”[1]

### 关于土改与合作化

我们党的土改政策有一个变化过程。对于富农，在老解放区是征收富农多余的土地财产；在新解放区土改时曾改为中立富农的政策，即要保存富农经济。但由于旧中国的富农经济不发达，其人数约占农村人口的百分之五，耕地面积约占耕地总数的百分之十至百分之十五；在《土地改革法》规定保护富农不受侵犯的同时，仍规定了对少数出租大量土地的富农，应征收其出租土地的一部分或全部；再加上土改刚结束就逐步发展了互助合作运动，这样，富农经济实际上受到了很大削弱。到一九五四年，富农户数在全国总农户中的比重下降到百分之二点一，在老解放区则不足百分之一。刘少奇在一九五四年九月作的《关于中华人民共和国宪法草案的报告》指出：“在土地改革中，富农出租的那一部分土地已被分配”，富农每人平均占有的土地比一般农民占有的土地只多一倍，“富农经济已大大地受了限制”。[2] 基于富农经济的这一实际情况，毛泽东在

〔1〕《毛泽东文集》第8卷，人民出版社1999年6月版，第113—114页。
〔2〕《刘少奇选集》下卷，人民出版社1985年12月版，第153页。

读“教科书”的谈话中多次指出：“我们在土地改革中实际上消灭了富农经济，在这点上带有社会主义革命的性质。”[1]这是毛泽东对建国以后土改运动的新认识。

我国的农业合作化经历了从低级到高级的转变过程。在《关于农业合作化问题》的报告和党的八大政治报告中，都只一般地指出了互助组、初级社和高级社的特点。在读“教科书”的谈话中，毛泽东对这些生产组织的特点作了进一步的概括。他说：“我们过去说互助组是社会主义的萌芽，因为在互助组里面，只是共‘工’，还没有共‘产’。”“从互助组到合作社的过程，是从集体劳动到集体所有的过渡，即个体经济基础上的集体劳动到集体所有制基础上的集体劳动的过渡。”[2]

**关于改造资本主义工商业**

对资产阶级采用定息办法实行赎买，是我们党创造的成功经验。怎样认识实行定息以后的企业的性质？一个时期内，在理论界有些不同看法。在读《政治经济学教科书》的谈话中，毛泽东对这个问题作了分析。他认为，一方面，就国家资本主义经济只剩下一条定息的尾巴而言，一般说来，这是只剩下一

〔1〕《毛泽东文集》第8卷，人民出版社1999年6月版，第106页。
〔2〕《党的文献》1993年第4期。

个形式、一个外壳，因为资方在企业里虽有一定职务，实际上没有决定权；另一方面，就国家每年还用一亿二千万元的定息付给资本家，来赎买这个阶级而言，国家资本主义还有一点点实质，还不完全是一个形式。这样的认识避免了把国家资本主义企业与社会主义国营企业完全混同，有利于国家资本主义企业的进一步改造。

在读《政治经济学教科书》的谈话中，毛泽东还认为，不应当低估我国改造资本主义经济的经验，尽管我国是个资本主义不太发达的落后国家，但是改造资本主义工商业经验的意义却不限于我国。他说：把我国经过国家资本主义的形式改造民族资本主义当成例外的、个别的、特殊的经验，否定这种经验的普遍意义是不恰当的。西欧各国和美国，资本主义的发展水平很高，少数的垄断资本家占了垄断地位；同时也还有大量的中小资本家。据说美国的资本是集中的，又是分散的。如果这些国家革命成功了，对中小资本家怎么办呢？难道统统没收吗？垄断资本家要没收，是没有疑问的。中小资本家是不是可以、是不是需要采取国家资本主义的形式来改造他们呢？又说：拿我们有些省份的人口和土地来同欧洲有些国家相比，我们的东北可以说是资本主义发展很高的“国家”；上海和苏南为中心的江苏省，也可以说是资本主义发展很高的“国家”。既然我们这些省份可以实行国家资本主义，那么世界上同我们这些省份类似的国家，为什么不可以实行这个政策呢？毛泽东提出这个观点，并非要宣扬中国经验的普遍意义。因为他一贯强调马列主义应与本国的实际相结合，反对外国朋友照搬中国经验。

## 思索建设道路，提出“四化”思想

毛泽东在郑州会议期间关于读书的建议信中指出：“要联系中国社会主义经济革命和经济建设”读书，“使自己获得一个清醒的头脑，以利指导我们伟大的经济工作”。[1]他本人读《政治经济学教科书》贯彻了这个精神。

在社会主义改造胜利后，怎样大规模地开展社会主义经济建设，我们党没有经验。第一个五年计划基本上照搬苏联的办法。苏联经验，有许多是适用的，也有许多不符合中国国情。在“一五”后期，苏联经验的弊病已经暴露出来。从一九五五年底起，我们党的领导人就在探索一条适合中国国情的社会主义建设道路。毛泽东当初对一九五八年的“大跃进”和人民公社化运动表现得那样兴奋，一个重要原因，就在于他认为这一年“开辟了道路，许多过去不敢设想的事实现了”。[2]在读

〔1〕《毛泽东文集》第7卷，人民出版社1999年6月版，第432页。
〔2〕毛泽东在郑州会议上的讲话（1958年11月6日）。

《政治经济学教科书》的谈话中，他回顾这段历史过程指出：“解放后，三年恢复时期，对搞建设，我们是懵懵懂懂的。接着搞第一个五年计划，对建设还是懵懵懂懂的，只能基本上照抄苏联的办法，但总觉得不满意，心情不舒畅。……一九五六年春，同三十几个部长谈话，一个问题一个问题凑，提出了《论十大关系》。当时还看了斯大林一九四六年选举演说，苏联在一九二一年产钢四百多万吨，一九四〇年增加到一千八百万吨，二十年中增加了一千四百万吨，当时就想，苏联和中国都是社会主义国家，我们是不是可以搞得快点多点，是不是可以用一种更多更快更好更省的办法建设社会主义。后来提出了建设社会主义的两种方法的问题，提出了多快好省，提出了‘促进委员会’，要当社会主义的促进派，不当促退派。还搞了一个农业发展纲要四十条。此外没提其他的具体措施。”〔1〕到党的八大二次会议才正式通过总路线，提出一系列两条腿走路方针。在这里，尽管毛泽东把提出社会主义建设总路线作为完全正确的探索成果加以肯定，而实践证明它在许多方面忽视了社会主义建设的客观经济规律。但是，这不妨碍我们认识党的领导人为探索适合我国国情的社会主义道路所做的巨大努力。

在“谈话”中，毛泽东继续对探寻适合中国国情的社会主

〔1〕《毛泽东文集》第8卷，人民出版社1999年6月版，第117—118页。

义建设道路的问题进行思索，阐述了一些重要的观点。

**关于工农业并举的思想**

这是在《论十大关系》中首先提出来的。在《关于正确处理人民内部矛盾的问题》讲话中，毛泽东又明确指出："发展工业必须和发展农业同时并举"[1]，并认为这是"中国工业化的道路"[2]。在一九五九年庐山会议前期，毛泽东重新强调了发展农业和轻工业。他说："过去是重、轻、农、商、交，现在强调把农业搞好，次序改为农、轻、重、交、商。并不违反马克思主义。重工业我们是不会放松的，这样提还是优先发展生产资料，农业中也有生产资料。"[3]"农、轻、重问题，把重放到第三位，放四年，不提口号，不作宣传。"[4]这是毛泽东第一次明确提出"农、轻、重"问题。在"谈话"中，毛泽东针对"农、轻、重"提出后的一些糊涂观点，具体地阐述了这个方针。他说："我们实行的几个同时并举，以工农业同时并举为最重要。"[5]在安排计划的时候，"工业的发展当然

---

〔1〕《毛泽东文集》第 7 卷，人民出版社 1999 年 6 月版，第 241 页。

〔2〕 同上书，第 240 页。

〔3〕《毛泽东文集》第 8 卷，人民出版社 1999 年 6 月版，第 78 页。

〔4〕 同上。

〔5〕 同上书，第 121 页。

要快于农业。但是，提法要适当，不能把工业强调到不适当的地位，否则一定会发生问题”。[1]“我们的提法是在优先发展重工业的条件下，发展工业和发展农业同时并举。所谓并举，并不否认重工业优先增长，不否认工业发展快于农业；同时，并举也不是要平均使用力量。”[2]这样，毛泽东就比较全面地说明了这个方针。

### 关于商品生产和价值规律的思想

一九五八年“共产风”刮起后，否定商品生产和价值规律的“左”倾观点搅乱了人们的思想，在要不要发展商品生产、价值规律起不起作用的问题上发生了疑问。为了纠正“左”的错误，毛泽东多次指出社会主义商品生产的重要性。在第一次郑州会议上，毛泽东还对斯大林讲的生产资料不是商品和价值规律只在流通领域内起作用而不在生产领域内起作用的观点提出了质疑。在武昌会议期间，他看到中宣部内部刊物上介绍苏联《政治经济学教科书》第三版重要修改的材料上说，新版“教科书”把商品范围扩大了，不单是生活资料，而且包括生产资料，他赞同这个修改。新版“教科书”还认为价值规律既

〔1〕《毛泽东文集》第8卷，人民出版社1999年6月版，第122页。
〔2〕同上书，第123页。

在流通领域，也在生产领域内发生作用，毛泽东也赞同这一修改，并在一九五九年三月三十日的一个批示中，提出了客观存在的价值法则"是一个伟大的学校"[1]的著名观点。在这次读《政治经济学教科书》时，毛泽东重申了上述观点，并从社会主义的基本矛盾上指出：社会主义的"商品生产、价值规律等等，现在是适合于生产力发展的要求的"。[2]

**关于四个现代化的思想**

对四个现代化的提法有一个形成过程。早在一九四五年《论联合政府》的报告中，毛泽东已指出，中国工人阶级要"为着中国的工业化和农业近代化而斗争"。[3]建国以后，毛泽东和党中央又曾多次提及现代化问题。一九五四年九月，周恩来在一届人大一次会议的《政府工作报告》中根据党中央和毛泽东的思想，提出要"建设起强大的现代化的工业、现代化的农业、现代化的交通运输业和现代化的国防"。[4]这可以说是对四个现代化最早的表述，它主要体现对物质文明建设的要求。在一九五七年发表的《关于正确处理人民内部矛盾的问题》和

〔1〕《毛泽东文集》第8卷，人民出版社1999年6月版，第34页。

〔2〕同上书，第137页。

〔3〕《毛泽东选集》第3卷，人民出版社1991年6月第2版，第1081页。

〔4〕《周恩来选集》下卷，人民出版社1984年11月版，第132页。

《在中国共产党全国宣传工作会议上的讲话》以及一九五八年八大二次会议的决议中，改变了这个表述，提出要建设一个具有现代工业、现代农业和现代科学文化的社会主义国家。这里用“现代科学文化”代替“现代化的交通运输业”体现了一个好的思想，即后者可以包括在“现代工业”之中，而新加的“现代科学文化”，用现在的语言来说，体现了现代化对精神文明建设的要求。在读《政治经济学教科书》的谈话中，毛泽东又提出了现代化的国防问题。他说：“建设社会主义，原来要求是工业现代化、农业现代化、科学文化现代化，现在要加上国防现代化。”[1]毛泽东的这个提法，第一次完整地表达了我们目前所说的四个现代化思想。[2]毛泽东在这里提出的四个现代化思想，后来在三届人大和四届人大上，都被确定为我们国家在二十世纪的奋斗目标。十一届三中全会以后，它也是我们国家在新的历史时期的宏伟任务。

## 探讨科学社会主义理论

毛泽东倡导的“大跃进”和人民公社化运动的“大试验”，

〔1〕《毛泽东文集》第8卷，人民出版社1999年6月版，第116页。
〔2〕1963年1月，周恩来将“科学文化现代化”的表述，改成了“科学技术的现代化”。

虽然发生了严重失误，但是在领导全党纠正错误的过程中，他却认真地思索和研究了科学社会主义理论。在读《政治经济学教科书》的谈话中，他对社会主义和共产主义的以下一些问题进行了探讨。

### 关于社会主义社会的发展阶段

马克思在《哥达纲领批判》中首次提出了共产主义社会分两个阶段的学说。列宁从俄国这样资本主义不太发达的国家建成社会主义需要经历很长的历史时期这一观点出发，发展了马克思的理论，提出在社会主义社会也将经历“初级形式的社会主义”和“发达的社会主义”这样不同的阶段。毛泽东在这次谈话中发表了与列宁相同的看法，认为社会主义这个阶段可能分为两个阶段。他说：“第一个阶段是不发达的社会主义，第二个阶段是比较发达的社会主义。后一阶段可能比前一阶段需要更长的时间。经过后一阶段，到了物质产品、精神财富都极为丰富和人们的共产主义觉悟极大提高的时候，就可以进入共产主义社会了。”[1] 社会主义分阶段的构想，目前已为理论界广泛承认。

〔1〕《毛泽东文集》第 8 卷，人民出版社 1999 年 6 月版，第 116 页。

## 关于共产主义社会的发展阶段

马克思主义经典作家过去几乎没有涉及这个问题。毛泽东在《工作方法六十条》（草案）中就提出了这个问题。他说："进到共产主义时代了，又一定会有很多很多的发展阶段。"〔1〕在读《政治经济学教科书》时，他继续发挥了这个思想，指出：共产主义社会的发展一定会出现新的阶段，新的目标一定又会提出来。他把人类社会的历史同阶级社会的历史加以比较，认为阶级存在的社会不过几千年，而地球还会存在多少万年，因此，他甚至提出共产主义社会"可能要经过几万个阶段。能够说到了共产主义，就什么都不变了，就一切都'彻底巩固'下去吗？"〔2〕

毛泽东还分析了未来的共产主义社会的变化情况。他说：按照斯大林的说法，生产关系包括生产资料所有制、劳动中人与人的关系、分配制度三个方面。就所有制而言，在发生变革后的一定时期内是不会变的，而人们在劳动生产和分配中的相互关系则总是不断改进的。"可以设想，将来全世界实现共产主义以后，人们在劳动生产和分配中的相互关系，还会有无穷的变化，但是所有制方面不会有多大变化。"〔3〕关于按需分配的

〔1〕《毛泽东文集》第7卷，人民出版社1999年6月版，第352页。
〔2〕《毛泽东文集》第8卷，人民出版社1999年6月版，第108页。
〔3〕同上书，第136页。

情况，他认为这是逐步实现的，不可能一下子完全满足全社会的需要，“可能是主要的物资能充分供应了，首先对这些物资实行按需分配，然后根据生产力的发展，推行到其他产品去”。这些论述是毛泽东对未来社会的一种设想。这种设想是否正确，可让历史去检验。但是这些想法同马克思、恩格斯对未来社会的一些构想一样，对于研究共产主义理论还是有价值的。

**关于共产主义社会的革命问题**

这也是共产主义理论中的一个新问题。毛泽东早在一九五六年八届二中全会的讲话和《工作方法六十条》(草案)中就接触了这个问题。在读《政治经济学教科书》的谈话中，毛泽东继续探讨了这个问题。首先，他明确指出，说社会主义向共产主义转变是革命，“当然不是一个阶级推翻另一个阶级的统治，但是不能说这不是社会革命”。他认为，一种生产关系代替另一种生产关系是质的飞跃，就是社会革命；由社会主义的按劳分配转变为共产主义的按需分配是生产关系的变革，因而也不能不是革命。其次，他根据共产主义社会还会有很多发展阶段的思想，继《工作方法六十条》(草案)谈到这个问题之后，明确指出共产主义社会的阶段变化也是社会革命。他说：“从社会主义过渡到共产主义是革命，从共产主义的这一个阶段过渡到另一个阶段，也是革命。共产主义一定会有很多的阶段，因此也一定会有很多的革命。”〔1〕这里讲的“革命”的含义是明确的，与后来提出的无产阶级专政下继续革命的理论是两回事。

## 从经济学谈到哲学

苏联《政治经济学教科书》最早出版于一九五四年。斯大林写的《苏联社会主义经济问题》就是针对这本书的未定稿而发表的意见。因此，这本书的主要骨架根据斯大林的意见早定下来了。毛泽东对这本书很不满意，但并未采取完全否定的态度；认为书中有许多观点还是马克思主义的，不管有多少问题，搞出了一本社会主义政治经济学总是一个大功劳。

毛泽东认为这本书的最大缺点，就是缺少辩证法。他说：作者们没有辩证法，没有哲学头脑的作家要写出好的经济学来是不可能的。“马克思能够写出《资本论》，列宁能够写出《帝国主义论》，因为他们同时是哲学家，有哲学家的头脑，有辩证法这个武器。”〔2〕他还具体分析了这本书缺少辩证法的表现，认为它不从分析矛盾出发，不从生产力和生产关系的矛盾、经济基础和上层建筑的矛盾出发来研究问题，是最大的缺点。“当

〔1〕《毛泽东文集》第8卷，人民出版社1999年6月版，第108—109页。
〔2〕同上书，第140页。

作一门科学，应当从分析矛盾出发，否则就不能成其为科学。”毛泽东的这些意见不仅是对苏联《政治经济学教科书》的批评，对于理论研究工作也有普遍的方法论意义。

毛泽东作为哲学家，在读这本“教科书”时，既然从哲学角度加以评论，也谈及了不少哲学问题。

## 关于社会主义社会的基本矛盾

毛泽东在《关于正确处理人民内部矛盾的问题》中提出的这个问题，在这里继续得到了发挥。他指出：在社会主义时代，矛盾仍然是社会发展的动力；生产力和生产关系的矛盾，经济基础和上层建筑的矛盾仍然是社会主义社会的基本矛盾。基于这一观点，他提出：“要以生产力和生产关系的平衡和不平衡，生产关系和上层建筑的平衡和不平衡，作为纲，来研究社会主义社会的经济问题。”[1]毛泽东的这个观点是鉴于苏联“教科书”的弊病提出的。这不仅为研究社会主义经济问题提供了比较好的方法，也把对基本矛盾问题本身的认识深化了。

## 关于认识过程论

毛泽东在《实践论》等哲学著作中阐述过认识的过程问题。

〔1〕《毛泽东文集》第 8 卷，人民出版社 1999 年 6 月版，第 130—131 页。

在读“教科书”的谈话中，他比较多地论及了这个问题。他倡导“大跃进”和人民公社，原本是为了探索出一条适合中国国情的社会主义建设道路，并以为找到了这条道路。但是，随着“大跃进”和公社化运动的缺点、错误的暴露，他感到探索一条新的道路并非易事。纠正“大跃进”和公社化中的错误，使他对探索中国建设社会主义道路的认识有较深的感受。因此，在这里，他从谈建国以来探索中国建设社会主义道路的体会的角度，就认识过程问题发表了一些看法。他说：自由是对必然的认识，并根据对必然的认识成功地改造客观世界。这个必然不是一眼就能看透的。世界上没有天生的圣人。到了社会主义社会，也还是没有什么“先知先觉”。拿我们自己的经验来说，开始我们也不懂得搞社会主义，以后在实践中逐步有了认识。认识了一些，也不能说认识够了。他还特别强调，认识事物发展的客观规律，必须“经过多次胜利和失败，并且认真进行研究，才能逐步使自己的认识合乎规律。只看见胜利，没看见失败，要认识规律是不行的”。[1]他随后写的《十年总结》和一九六二年在七千人大会的讲话中关于自由和必然的论述，就是这些思想的继续和发展。

〔1〕《毛泽东文集》第8卷，人民出版社1999年6月版，第104—105页。

## 关于部分质变论

这是唯物辩证法的质量互变规律中的一个重要思想。虽然这个思想不是毛泽东最先从理论上提出来的〔1〕，但是他很早就把这个思想运用于革命实践。一九五八年初，他把“在总的量变过程中有许多部分的质变”〔2〕的思想，作为工作方法提出来，包含了他对长期实践经验的总结。在这次读“教科书”的谈话中，毛泽东从量变与质变的对立统一关系方面，说明了这个思想是唯物辩证法的一个普遍性原理。他指出：“量变和质变是对立的统一。量变中有部分的质变，不能说量变的时候没有质变；质变是通过量变完成的，不能说质变中没有量变。质变是飞跃，在这个时候，旧的量变中断了，让位于新的量变。在新的量变中，又有新的部分质变。”〔3〕

〔1〕三十年代初，苏联的西洛可夫、爱森堡等合著的《辩证法唯物论教程》，已提出了“过程内部或质量内部的飞跃”的思想。毛泽东在1936年11月到1937年4月读这本书的中译本第三版时，在这些处作了批注，指出：“不但过程而且阶段，凡有质的变化就是飞跃”，“一切客观过程都如此”，“这一认识却要紧”。《毛泽东哲学批注集》，中央文献出版社1988年版，第61页。李达在1937年5月出版的《社会学大纲》中，论述了“部分的质的飞跃”的思想。毛泽东读李达这本书时，注意到了这些思想，在这些处画了杠杠、圈圈，但无批注文字。艾思奇在1939年编的《哲学选辑》的附录《研究提纲》中，明确地使用了“部分的质变”概念。毛泽东当年读过这本书，但在这些处既没画道道，也无批注文字。

〔2〕《毛泽东文集》第7卷，人民出版社1999年6月版，第353页。

〔3〕《毛泽东文集》第8卷，人民出版社1999年6月版，第107页

为了具体说明这个思想，毛泽东举了好多例子加以论证。在自然界方面，他举蚕为例，认为从蚕子到蚕、到蛹、到飞蛾的过程可看作四个阶段，它的变化从一个阶段进到另一个阶段，都不只是量变，而且有质的变化，有部分质变。拿人本身来说，毛泽东认为人从生到死，经过童年、少年、青年、壮年到老年这样不同的阶段，在死之前，既是量变的过程，也是部分质变的过程。这几个明显的生长阶段，就是部分质变。人死是最后的质变，这个质变就是通过以往的不断量变，通过量变中的逐步的部分质变完成的。毛泽东还举合作化为例，认为从个体经济转变到集体经济是一个质变的过程，这个过程就是通过互助组、初级社、高级社这样一些不同阶段的部分质变完成的。

毛泽东分析这些例子后指出："在一个长过程中，在进入最后的质变以前，一定经过不断的量变和许多的部分质变。这里有个主观能动性的问题。如果在工作中，不促进大量的量变，不促进许多的部分质变，最后的质变就不能来到。"〔1〕

毛泽东对部分质变论的这些阐述，使这个在哲学界沉寂了二十多年的问题，自此以后获得了新生。六十年代以来，我国的哲学家们广泛地承认了这个思想，许多哲学教科书都以专节论述这个思想。这是毛泽东对这个理论的重大贡献。

---

〔1〕《毛泽东文集》第 8 卷，人民出版社 1999 年 6 月版，第 107 页。

# 正确地对待毛泽东的“左”倾观点

一九五七年反“右派”斗争扩大化以后，党的工作指导方针的“左”的倾向在不断发展。在一九五九年底到一九六〇年初读《政治经济学教科书》时，毛泽东的谈话自然不可避免地带有许多“左”的观点。例如，政治方面的，认为社会主义社会的主要矛盾是两个阶级、两条道路的斗争；庐山会议是两个阶级的较量；“大跃进”和公社化运动具有客观必然性，等等。这些问题已有历史结论，不必赘述。在这里，着重指出以下关于经济关系方面的一些“左”倾观点。

## 关于“穷是动力”的问题

在《论十大关系》中，毛泽东说过我们国家一为“穷”，二为“白”，“穷就要革命”这样的话。这是就我们国家的国情而言的。“大跃进”以后，毛泽东的这个思想被引向极端，变成了“越穷越革命”，“富了难革命”。在一九五八年十一月下旬的武昌会议上，有的领导同志以为农民会富得很快，当收入超过工人后，人民公社由集体所有制向全民所有制过渡就很困难，因而，主张人民公社“趁穷过渡可能有利些，不然就难过渡”。这种看法不符合实际情况。广大农民并不富，不存在农民收入会很快超过工人的趋势。有的地区宣传二年、四年过渡是刮的浮夸风。从理论上说，趁穷之势过渡的观点实际是一种平均主义思想，仍然是否认差别，怕富了不革命，因而想让穷队、穷社去共富队、富社的产，尽管当时在大力纠正这种错误。毛泽东读“教科书”时，一方面提出要划清两种所有制的界限，另一方面也肯定了这种观点。这也说明了那时对“左”的错误的纠正，不是在指导思想上的根本纠正。当时，外国评论认为“穷是中国跃进的动力”。毛泽东很欣赏这句话，说：“穷是动力”这句话，讲得很对。因为穷就要革命，就要不断革命。“富了，事情就不妙了。中国现在不富，将来富了，也一定会发生问题。”后来讲的“富变修”，正是这种思想的发展。在这样的思想指导下，国家变富、人民致富的历史进程受到了影响。十一届三中全会以后，批判了这种错误，才产生了我们党的富民政策。

**关于价值规律与计划需要的关系问题**

对于价值规律的作用，毛泽东在读“教科书”时，一方面比斯大林作了更加明确的肯定；另一方面仍不把它看作社会主义经济发展的内在要求，并把它和计划需要加以割裂和对立。例如，他说：我们搞“大跃进”，就不是根据价值规律的要求来搞的，而是根据社会主义经济的基本规律、根据我国扩大再生产的需要来搞的。如果单从价值规律的观点来看我们的“大跃进”，就必然得出“得不偿失”的结论，就必然把去年大办钢铁当成无效劳动、土钢质量低、国家补贴多、经济效果差，等等。从局部、短期看，大办钢铁好像是吃了亏，但是从整体、长远来看，这是非常值得的。毛泽东的这段话是为批判所谓的“右倾机会主义”而发的，并把庐山会议对彭德怀等的错误斗争从经济学的观点加以解释。它反映了当时经济工作的指导思想。“大跃进”是否符合社会主义经济规律和我国扩大再生产的需要，已由历史作了结论。不考虑价值规律的作用，花了几十亿元，动员几千万人上山大办钢铁给国民经济带来的恶果，在随后的困难时期显露出来了。这一事实正好说明，经济工作不考虑价值规律的要求，不能不受历史的惩罚。多少年来，在这样错误的思想指导下，我国的社会主义建设事业蒙受了难以估量的损失，四个现代化的进程受到了影响。

**关于物质鼓励问题**

苏联《政治经济学教科书》，根据列宁讲的物质利益原则，强调了社会主义阶段要重视物质鼓励即“物质刺激”的积极作用，虽然在有些论述上带有一定的片面性，但从基本方面看，这里的论述是符合社会主义时期的客观要求的。毛泽东对这个问题发表了许多评论，既讲了一些正确的意见，如承认物质鼓励和精神鼓励都是社会主义的重要原则，贯彻物质利益原则要正确处理国家、集体和个人三者利益的关系，要注意防止贯彻物质利益原则所产生的消极影响，等等；但是，他的主导倾向却是在反对“物质刺激”，片面夸大精神鼓励的作用。这主要表现在这样两个问题上：一是反对实行计件工资，认为计件工资增加新老工人之间、强弱劳力之间、轻重劳动之间的矛盾，助长工人为“五大件”而奋斗的心理，使人们不首先关心集体事业而是关心个人的收入。二是基本否定物质奖励制度，认为“教科书”说的对劳动的物质刺激会使生产增加的观点，是“把物质刺激片面化、绝对化”，“是很大的原则性错误”；还批评“教科书”强调个人物质利益，实际上是最近视的个人主义，是资本主义时期无产阶级队伍中的经济主义、工团主义在社会主义建设时期的表现，等等。在实行计件工资制和物质奖励制的具体工作中，难免会发生这样那样的错误倾向，只要加强思想教育和不断将这些方面的规章制度、政策措施完善化，再加以必要的行政手段的干预，一些令人忧虑的消极现象是不难克服的。但是，毛泽东的批评夸大了物质鼓励原则在实际工作中运用不当所产生的消极作用。他对这两个问题所采取的基本否定态度表明，在他的思想里，实际上不认为物质利益原则是社会主义时期不可缺少的重要原则，不认为它对提高劳动生产率、促进社会主义经济的发展会起积极作用。无论外国的或我国的社会主义发展的历史都已证明，这种观点是违背社会主义的客观经济规律的。

毛泽东在经济方面的其他“左”的观点，这里不一一论列了。

毛泽东的这些“左”倾观点的影响是深远的。直到十一届三中全会，特别是十一届六中全会发表《关于建国以来党的若干历史问题的决议》以后，才对这些“左”倾观点有了比较正确的分析和认识。对于毛泽东的“左”倾观点给党的事业带来的后果和影响，今后还要继续克服和消除。但是，正如毛泽东本人说过的那样：不要把错误认为单纯是一种耻辱，要同时看作是一种财产。我们对待毛泽东的失误也应当采取这种态度。从实践上说，正确地总结教训，有了前车之鉴，可以避免再犯类似的错误。从理论上说，这是研究毛泽东的思想史、党的思想史、社会主义思想史的一个重要的历史环节。对毛泽东的失误进行正确的理论分析，有助于提高党的思想理论水平和政策水平。恩格斯说：“要获取明确的理论认识，最好的道路就是从本身的错误中学习。”[1]对于从这个历史时代走过来的人来说，这是不应当忘记的。

**附　记**

本文前面提到的关于毛泽东读“教科书”的“笔记”问题，

---

〔1〕《恩格斯致弗·凯利—威士涅威茨基夫人》(1886年12月28日)。见《马克思恩格斯选集》第4卷，人民出版社1995年6月版，第679页。

一九六〇年三月七日，周恩来致毛泽东的信曾说："送上胡绳同志在我们学习时作辅导用的笔记二本，请阅。这里头的话，都是主席在阅读《政治经济学教科书》时讲的，现在用笔记形式写出，我们已告诉参加学习同志，只能在省、市委书记处和各部、委党组中学习使用，不下传。"信中讲的笔记材料，在"文化大革命"中被误传为毛泽东本人写的"笔记"。

# 读鲁迅著作

徐中远

## 终身的爱好

在中国现代作家中，毛泽东十分爱读鲁迅的著作。还在延安时期，一九三八年一月十二日，他给当时在延安抗日军政大学任主任教员的艾思奇写过一封信。他写道：“我没有《鲁迅全集》，有几本零的，《朝花夕拾》也在内，遍寻都不见了。”〔1〕这说明在写此信之前，毛泽东已经读过一些鲁迅的著作，但限于当时的客观环境，他还没能系统地读到鲁迅的著作。

一九三八年八月，鲁迅先生纪念委员会编辑的二十卷本的《鲁迅全集》（内容包括鲁迅的著作、译作和他所整理的部分古籍）出版。这是我国第一次出版《鲁迅全集》。书是在上海出版的，通过党的地下组织，从上海辗转到陕北根据地，毛泽东得到了一套。

《鲁迅全集》特印了二百套编号发行的“纪念本”。这套“纪

〔1〕《毛泽东书信选集》，中央文献出版社 2003 年 11 月版，第 108 页。

念本”，在每册的版权页上注明为“（非卖品）”。毛泽东得到的是第五十八号，封面是紫色的，书脊是黑色的，每卷的封底、封面的两角都是同书脊黑色一样的布料包角。这套书印装别致，做工精细，色彩协调。

毛泽东收到《鲁迅全集》之后，把书放在自己的办公桌旁。尽管当时战事忙碌，环境简陋，但他总是忙中找闲，在低矮的窑洞里秉烛夜读。后来新华社发表过一张毛泽东在延安枣园窑洞里工作的照片，办公桌上放着三卷《鲁迅全集》，这是毛泽东在延安爱读鲁迅著作的真实的历史记录。

毛泽东阅读鲁迅著作，同读其他著作一样，常常用笔在书上圈圈画画，一边读，一边画，文章读完了，书上也画满了直线、曲线、圈圈、点点、三角、问号等等多种符号和标志；同时还留下一些简明的批语。

毛泽东阅读鲁迅著作十分认真。从他在书上批画的情形来看，凡是原书中文字排印颠倒、错字漏字的地方，他都把它一一改正过来。有的错字是容易识别的，有的就不那么容易。例如，《鲁迅全集》第四卷，《二心集》中的《唐朝的钉梢》这篇文章里的一段文字："那里面有张泌的《浣溪沙》调十首，其九云：晚逐香车入凤城，东风斜揭绣帘轻，慢回娇眼笑盈盈，消息未通何计从，便须佯醉且随行，依稀闻道‘太狂生’。”这首词中的“消息未通何计从”的“从”字，如果仅从词义来看，看不出是一个错字。从词律的音韵平仄看，显然是错了。毛泽东读到这里时，将“从”字改为“是”字。原词，据中华书局出版的《全唐诗》卷八百九十八所载，确实是“是”字，而不是“从”字。一九八一年新版《鲁迅全集》已改正。[1]张泌的词在唐代并不十分引人注目，但毛泽东在延安时对他的词就记得这样准确，这说明毛泽东对唐诗是下了很大的功夫的，也从一个方面说明他读鲁迅著作仔细的程度。

经过较为系统地阅读鲁迅的著作，毛泽东对鲁迅著作的思想性、战斗性、人民性的了解更多了。后来毛泽东在著作、讲话、谈话、报告和一些书信中，多次谈到鲁迅和鲁迅的著作，并对鲁迅在中国革命和文化发展史中的地位作了很高的评价。在《新民主主义论》中，他称赞鲁迅是“文化新军的最伟大和最英勇的旗手”，“鲁迅是在文化战线上，代表全民族的大多数，向着敌人冲锋陷阵的最正确、最勇敢、最坚决、最忠实、最热忱的空前的民族英雄。鲁迅的方向，就是中华民族新文化的方向”。[2]一九四〇年一月，陕甘宁边区文协在延安召开第一次代表大会，毛泽东和其他中共中央领导同志分别为大会题词。毛泽东的题词，一则是：“为建立中华民族的新文化而奋

---

〔1〕《鲁迅全集》第4卷，人民文学出版社1981年版，第330页。
〔2〕《毛泽东选集》第2卷，人民出版社1991年6月第2版，第698页。

斗。”另一则就是：“鲁迅的方向就是中华民族新文化的方向。”在《在延安文艺座谈会上的讲话》中，他说：“鲁迅的两句诗，‘横眉冷对千夫指，俯首甘为孺子牛’，应该成为我们的座右铭。”他号召一切共产党员，一切革命家，一切革命的文艺工作者，“都应该学鲁迅的榜样，做无产阶级和人民大众的‘牛’，鞠躬尽瘁，死而后已”。〔1〕

毛泽东对于那套精装别致的《鲁迅全集》十分珍爱。他转移、行军到哪里，就把它带到哪里。在那戎马倥偬的战争年代，毛泽东不少的书籍和用品都丢弃了，可是这套二十卷本的《鲁迅全集》却一直伴随着他。到中南海居住之后，有一天，他在书房里阅读这套《鲁迅全集》，一边翻阅，一边饱含深情地对身边的工作人员说：这套书保存下来不容易啊！当时打仗，说转移就转移，有时在转移路上还要和敌人交火。这些书都是分给战士们背着，他们又要行军，又要打仗。书能保存到今天，我首先要感谢那些曾为我背书的同志们。

一九四九年十二月，毛泽东率中国党政代表团访问苏联。

---

〔1〕《毛泽东选集》第3卷，人民出版社1991年6月第2版，第877页。毛泽东在这篇讲话中还解释说：“‘千夫’在这里就是说敌人，……‘孺子’在这里就是说无产阶级和人民大众。”1944年1月24日，山东省文协曾给中央总学委打电报，询问《讲话》中解释“千夫”的那句话是否有误，要求“请问明毛主席电示为盼”。2月8日，毛泽东在回电中坚持他原来的解释，并说：“鲁迅虽借用‘千夫指’古典的字面，但含义完全变了。”

出访前夕，他亲手挑选了几本鲁迅的著作带走。在赴莫斯科的途中，他有时还读鲁迅的著作。

到了莫斯科，有不少外事活动。可是他还利用零星时间阅读鲁迅著作。有一天，外事活动后回到住地，离开饭的时间不到半小时。这时，他就拿出一本鲁迅的著作读了起来。开饭的时间到了，工作人员把饭菜放在桌上，他都顾不上吃。工作人员走到他身边，轻声催他吃饭。他说："还有一点，看完就吃。"工作人员亲眼看到，他用笔在书上圈圈画画，还自言自语：说得好！说得好！一直把二十来页书看完才吃饭。他一边吃，一边笑着对工作人员说：我就是爱读鲁迅的书，鲁迅的心和我们是息息相通的。我在延安，夜晚读鲁迅的书，常常忘记了睡觉。

一九五六年到一九五八年，人民文学出版社相继出版了带注释的十卷本《鲁迅全集》（只收著作，未收译文和古籍），并发行了单行本。毛泽东对这套新版的鲁迅著作也很珍爱，把它放在床上，经常利用夜晚时间和其他零散时间阅读。单行本上的许多篇章，他反复读了多次。看一次，他习惯在书上画一个圈；看两次，就画两个圈。一九六一年，毛泽东在江西的一段时间，把新版的《鲁迅全集》带在身边。毛泽东逝世后，报刊上发表过一张他站在书柜前看书的照片。他手里拿着的正在翻看的书，就是新版《鲁迅全集》。

毛泽东对鲁迅的每本集子以及许多文章，是什么时候写的，什么时候编的，什么时候出版过，都很注意。他在阅读时差不多在每册封面上都写有批注。例如，《且介亭杂文》一册，他在封面上批有："一九三四年作，一九三五年十二月编"；《彷徨》一册的封面上批有："一九二四——一九二五年，一九二六年八月出版"，等等。《二心集》中的《对于左翼作家联盟的意见》一文，原书副标题上只写了"三月二日在左翼作家联盟成立大会讲"，他在阅读这篇文章的时候，当即在"三月二日"前添加了"一九三〇"。《上海文艺之一瞥》一文，副标题上只写了"八月十二日在社会科学研究会讲"，他在"八月十二日"前添加了"一九三一"。

到了七十年代初，毛泽东年近八十高龄，精力、体力等都远远地不如以前了，健康状况越来越差。就在这种情况下，他读鲁迅著作的兴趣未减。一九七二年九月，文物出版社出版了北京鲁迅博物馆编的《鲁迅手稿选集三编》（线装本）。这本书共有二十九篇鲁迅手稿，都是从尚未刊印的鲁迅手稿中选出来的。毛泽东得到这本书后，一方面读鲁迅的手稿，一方面欣赏鲁迅的墨迹。毛泽东生前很爱欣赏名家字画和那些书写名人诗词、著名警语、格言、楹联等的名人墨迹。鲁迅的这本手稿，都是在"语丝"稿纸上，用毛笔写的行书体墨迹，字迹清楚，运笔流畅自如，所以毛泽东常常翻看。手稿选集里有的字写得太小，他就用放大镜，一页一页往下看。一边看，一边还不时地用笔在手稿选集上圈圈画画。

毛泽东在一九七一年生病以后，用放大镜看书越来越困难。工作人员建议把鲁迅著作印成大字本。他说，国家目前还很困难，印大字本又要花钱。后来，有关方面一是为了毛泽东等老同志阅读鲁迅著作方便，二是可以馈赠外宾，三是便于长久地保存鲁迅著作，于一九七二年特意将五十年代出版的带有注释的十卷本《鲁迅全集》，排印成少量的大字线装本。这套线装本由北京、上海两地排印。因全书印刷的工作量大，不能一下子印出来。印好一卷，出版社就先送给毛泽东一卷。他收到一卷就看一卷。当时出版社并没有按原全集的顺序送，哪卷印好送哪卷。因为是线装本，字又较大，毛泽东看起来很方便。当时，他对这种新印的线装大字本读得很快，常常这卷看完了，下一卷出版社还没送来。就这样前后延续了几个月，全书才印装完毕。他收到全套的线装大字本的《鲁迅全集》时，也差不多又读了一遍。在这套新印的线装大字本的许多册的封面上，他同样画了一些红圈圈，在书中画了许多红道道。在有的封面上，他还亲笔写了“1975.8 再阅”。

《鲁迅全集》第五卷《准风月谈·关于翻译（下）》，是篇谈文艺批评的文章。鲁迅在这篇文章里尖锐地批评了文艺批评界那种因为有点烂疤，就一下把整个苹果都抛掉的做法。鲁迅指出，“首饰要‘足赤’，人物要‘完人’”的思想是很错误的。

鲁迅用吃烂苹果的例子来谆谆告诫人们要正确对待有缺点的人和文艺作品。毛泽东赞同鲁迅的见解。一九七五年，他在病中还叫工作人员给他读这篇文章。当工作人员读到有关的内容时，他高兴得连声称赞说：写得好！写得好！

一九七六年九月，毛泽东逝世前夕，他卧室的床上、床边的桌子上、书架上，还摆放着这套新印的大字本《鲁迅全集》。有的是在某一页折上一个角，有的地方还夹有纸条，有的还是翻开放着的。这套书同其他大字本书一起伴随着毛泽东走完了生命的最后几年路程。

## 读鲁迅的小说和杂文

鲁迅的小说，是“五四”新文化运动中产生出来的璀璨的明珠。鲁迅在他的小说中，塑造了一大批被压迫、被剥削、被蹂躏、被污辱的穷苦人民的形象，控诉了吃人的封建礼教制度，鞭挞了人民群众中的消极落后的精神状态，是当时中国社会生活的真实写照。

毛泽东对鲁迅的小说非常熟悉。他经常谈论鲁迅小说中的主人公，特别是阿Q。他曾说过：“《阿Q正传》是一篇好小说，我劝看过的同志再看一遍，没看过的同志好好地看看。”[1]他在讲话、谈话、报告和著作中，多次提到《阿Q正传》，教育全党正确对待犯错误的干部，要准许别人革命，不要当《阿Q正传》中的假洋鬼子，不准阿Q革命。他还提倡写文件要像《阿Q正传》那样通俗化、口语化。

毛泽东尤爱读鲁迅的杂文。鲁迅在他三十多年的创作历程中，先后写了六百多篇约一百三十五万字的杂文，出版了十六本杂文集。这些杂文，无情地揭露了帝国主义、封建主义、军阀和国民党反动派在中国造成的黑暗和罪恶，反映了我国人民革命的历史潮流，是二三十年代中华民族伟大精神的结晶，是中国文苑中的奇葩。

毛泽东读鲁迅的杂文著作，十分用心理解、思索，还时有发挥。在《花边文学·正是时候》一文里有这样一段话："倘是旧家子弟呢，为了逞雄，好奇，趋时，吃饭，固然也未必不出门，然而只因为一点小成功，或者一点小挫折，都能够使他立刻退缩。这一缩而且缩得不小，简直退回家，更坏的是他的家乃是一所古老破烂的大宅子。"[2]毛泽东读到这段话时，在"吃饭"后面添加了"夺权"两个字。这样就把"旧家子弟"

---

〔1〕《论十大关系》(1956年4月25日)。见《毛泽东文集》第7卷，人民出版社1999年12月版，第39页。

〔2〕《鲁迅全集》第5卷，人民文学出版社1981年版，第502页。

的本质更深入地揭示出来了。

毛泽东也经常运用鲁迅杂文中的思想和言论来阐明自己的观点，表明自己的主张。

一九三七年十月十九日，延安陕北公学举行鲁迅逝世周年纪念大会，毛泽东在这个大会上发表了《论鲁迅》的讲话。在这个讲话中，他用鲁迅《论“费厄泼赖”应该缓行》一文中的“打落水狗”的思想来教育人们。他说：鲁迅“在一篇文章里，主张打落水狗。他说，若果不打落水狗，它一旦跳起来，就要咬你，最低限度也要溅你一身的污泥。所以他主张打到底”。〔1〕他号召广大人民群众学习和发扬鲁迅“打落水狗”的革命精神，说：“现在日本帝国主义这条疯狗，还没有被我们打下水，我们要一直打到它不能翻身，退出中国国境为止。”〔2〕

一九四二年二月八日，毛泽东在延安干部会上发表了著名的《反对党八股》的重要讲演。在这次讲演中，他多次引用鲁迅杂文里的话。譬如，洋八股，这是“五四”运动以后由一些浅薄的资产阶级和小资产阶级知识分子发展起来的东西，经过他们的传播，长时期地在革命队伍中存在着。鲁迅批判这种洋八股说：“八股无论新旧，都在扫荡之列……例如只会‘辱

〔1〕《毛泽东文集》第2卷，人民出版社1993年12月版，第44页。
〔2〕同上。

骂'‘恐吓’甚至于‘判决’……这也是一种八股。”毛泽东运用鲁迅的思想和言论，针对当时文风不正的实际情形说："党八股也就是一种洋八股。这洋八股,鲁迅早就反对过的。”[1]还说："空话连篇，言之无物，还可以说是幼稚；装腔作势，借以吓人,则不但幼稚,简直是无赖了。鲁迅曾批评这种人,他说:‘辱骂和恐吓决不是战斗。’”[2]就在这个报告会上，毛泽东把他亲自审阅编定的《宣传指南》的小册子分发给每一个与会的人。这本《宣传指南》里收入了鲁迅论创作的一封信，即《答北斗杂志社问》一文。为了便于和推动人们的学习，毛泽东在讲演中专门对《宣传指南》作了解说。鲁迅谈创作有八条，他详细地解说了四条，指出："鲁迅说，文章写好后‘至少看两遍’，至多呢？他没有说，我看重要的文章不妨看它十多遍，认真地加以删改，然后发表。”[3]《宣传指南》是延安整风运动二十二个必读文件之一，并被编入《整风文献》。

毛泽东为什么爱读鲁迅的杂文，爱运用鲁迅杂文著作中的思想和言论呢？我们知道，鲁迅的杂文，具有很强烈的思想性和战斗性，特别是鲁迅后期的杂文，是我国三十年代“围

---

〔1〕《毛泽东选集》第3卷，人民出版社1991年6月第2版，第830页。
〔2〕同上书，第834—835页。
〔3〕同上书，第844页。

剿”与反“围剿”的斗争在文化战线上的最真实的历史记录。一九三九年十二月九日，毛泽东在延安纪念“一二·九”运动四周年大会上的讲演中，在谈到红军到了陕北，还处在国民党的文化“围剿”的情形时说：“关于这一点，我们只要看一看鲁迅先生的杂感，就可以知道。他的抨击时弊的战斗的杂文，就是反对文化‘围剿’，反对压迫青年思想的。”〔1〕

鲁迅面对帝国主义、封建主义和国民党反动派的统治、压迫和残害，不能直言不讳地阐明和发表自己的见解和主张，他多用冷嘲热讽的杂文形式作战，把钢刀一样的笔刺向他所憎恨的一切。他站在战士的血痕中，坚韧地反抗着、呼啸着前进，并且在斗争中掌握了马克思主义。毛泽东在一九三七年时曾说：“鲁迅是一个彻底的现实主义者，他丝毫不妥协，他具备坚决的心”；“他在黑暗与暴力的进袭中，是一株独立支持的大树”；“他的思想、行动、著作，都是马克思主义的。”〔2〕后来毛泽东还说过：“鲁迅是真正的马克思主义者，是彻底的唯物论者。”〔3〕他称赞“鲁迅的骨头是最硬的，他没有丝毫的奴颜和媚

---

〔1〕《毛泽东文集》第2卷，人民出版社1993年12月版，第252页。

〔2〕《论鲁迅》（1937年10月19日）。见《毛泽东文集》第2卷，人民出版社1993年12月版，第43—44页。

〔3〕《同新闻出版界代表的谈话》（1957年3月10日）。见《毛泽东文集》第7卷，人民出版社1999年6月版，第263页。

骨”。[1]他认为:“鲁迅后期的杂文最深刻有力，并没有片面性，就是因为这时候他学会了辩证法。”[2]

## 阅读和书写鲁迅的诗

毛泽东也爱读鲁迅的诗。鲁迅的诗和他的文一样，是鼓舞人们前进的号角。它在中国诗歌史上是独树一帜的。一九三八年出版的《鲁迅全集》第七卷中收进的鲁迅的新诗、旧体诗，毛泽东都曾用心地读过。一九五九年一月，人民文学出版社出版的鲁迅著作单行本《集外集》、《集外集拾遗》中的诗作，不少诗的题目旁都画了圈。一九五九年三月，文物出版社刻印了一册线装本的《鲁迅诗集》，全集共收诗四十七题五十四首。这本诗集，毛泽东从头至尾读过，有的诗篇他读过多遍，不少的诗他能背下来。诗集中有一首叫《湘灵歌》的诗，是一九三一年三月五日，鲁迅写赠给日本友人松元三郎的。“湘灵”是古代楚人神话里的湘水女神。据史书记载：“湘灵，舜帝的妃子，在湘水里溺死，成为湘夫人。”鲁迅借用这个神话

---

〔1〕《新民主主义论》(1940 年 1 月)。见《毛泽东选集》第 2 卷，人民出版社 1991 年 6 月第 2 版，第 698 页。

〔2〕《在中国共产党全国宣传工作会议上的讲话》(1957 年 3 月 12 日)。见《毛泽东文集》第 7 卷，人民出版社 1999 年 6 月版，第 277 页。

中的传说人物表达了自己对国民党反动派血腥屠杀共产党人和革命群众的强烈憎恨，以及对死难者的哀思。毛泽东在读完这首诗的末句“太平成象盈秋门”后，在旁边批注：“从李长吉来。”李长吉就是唐代诗人李贺。李贺《自昌谷到洛后门》中有“九月大野白，苍岑竦秋门”。

毛泽东还很爱书写鲁迅的诗。他生前有一段时间，每次练习书法，差不多都要书写鲁迅的诗句。他为什么这样爱好书写鲁迅的诗句呢？一次他在书写鲁迅诗句时曾这样说过：书写鲁迅的诗句，既可以进一步理解诗的内容，又可以进一步了解鲁迅。平时有友人请他题字、题词时，他也常书录鲁迅的诗句赠之。鲁迅的两句诗“横眉冷对千夫指，俯首甘为孺子牛”，他最爱书写。一九四五年十月在延安时，他就书写过鲁迅的这一诗句。一九五八年，在武昌召开党的八届六中全会期间，著名粤剧演员红线女随团应邀为全会演出。演出结束后，在毛泽东等领导同志登台接见的时候，红线女请求毛泽东给她写几个字，毛泽东高兴地答应了。当晚，他书写了：“横眉冷对千夫指，俯首甘为孺子牛。”第二天，叫工作人员将此题词转交给了红线女。毛泽东在书写的鲁迅诗句前面写了一段类似小引的文字：“1958 年，在武昌，红线女同志对我说，写几个字给我，我希望。我说：好吧。因写如右。”最后落款：“毛泽东，1958 年 12 月 1 日。”

外国朋友来访时，毛泽东也常书写鲁迅诗句相赠。一九六一年十月七日，毛泽东在中南海会见日本以黑田寿男为团长的日中友好协会祝贺国庆节代表团十名成员、以三岛一为团长的民间教育代表团十名成员等共二十四名日本朋友时，非常高兴地将鲁迅一九三四年五月三十日的著名诗作“万家墨面没蒿莱，敢有歌吟动地哀。心事浩茫连广宇，于无声处听惊雷”，书赠给日本朋友。他对日本的朋友们说：“这一首诗，是鲁迅在中国黎明前最黑暗的年代里写的。”他怕日本朋友看不懂鲁迅的这首诗，还特意让郭沫若帮助翻译一下。郭沫若在《翻译鲁迅的诗》中说道：“鲁迅这首诗，是在他去世前不久，写赠给一位日本的社会评论家新居格的。新居格访问中国，在上海拜访了鲁迅，鲁迅写了这首诗赠他。赠诗的用意是这样：当时中国在三座大山的压迫之下，民不聊生，在苦难中正在酝酿着解放运动；希望来访的客人不要以为‘无声的中国’真正没有声音。”〔1〕毛泽东那奔放流畅、刚劲潇洒的书作，既充分表达了对日本朋友的笃厚情谊，也真挚地表达了对诗作者鲁迅的敬仰和思念。后来，日中文化交流协会事务局局长白土吾夫说：“四十多年前鲁迅写那首诗给日本友人，十五年前毛主席又书赠鲁迅的诗给日本朋友们，这些，在今天都有着伟大的现实意义，也

---

〔1〕 见 1961 年 11 月 10 日《人民日报》。

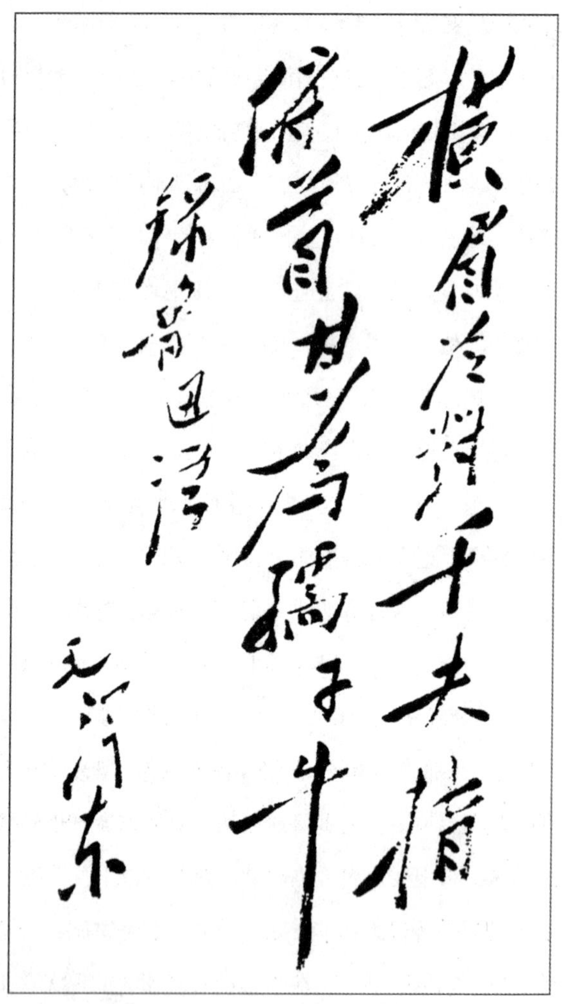


毛泽东手书鲁迅诗句

有深远的历史意义。”“我们日本人民要团结起来，走同中国友好的道路，继续前进。尽管在斗争的道路上有曲折，但我确信，一定会取得最后胜利。”〔1〕鲁迅、毛泽东都已离开了我们，然而他们诗书合璧的佳作却成了中日两国人民友好史上的丰碑。

〔1〕见1976年10月20日《人民日报》。

# 古籍新解，古为今用

## ——记毛泽东读中国文史书

逄先知

### 一

中国古书，从经史子集到稗官小说，毛泽东几乎无所不读。这也是从幼年时代养成的习惯。即使在井冈山时期，有机会他还要读点古书。他自己讲过一个故事。他说：从前我在井冈山时，想到土豪家里去看看有没有《三国演义》之类的书。有一位农民说："没有了！没有了！昨天共了产。"[1]毛泽东讲这个故事是为了说明当时有些农民误认为打土豪便是共产主义，但从中也反映出毛泽东对读古书的兴味，在戎马倥偬的战争环境里也丝毫不减。

在延安时期，读书的条件好一些。他托人买了两套《中国历史通俗演义》（蔡东藩著）[2]，除自己阅读，还向别人推

〔1〕毛泽东对抗大三期二大队的讲话（1938年5月3日）。

〔2〕毛泽东1937年1月31日致电李克农："请购整个中国历史演义两部（包括各朝史的演义）。"

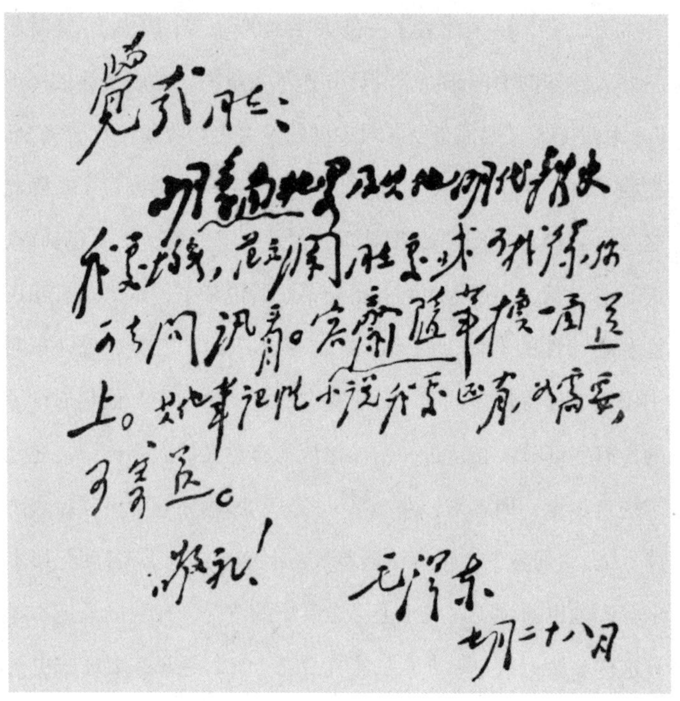

觉哉同志：

明遗老史料及其他明代杂史我处没有，范文澜同志处或有，你可去问讯看。容斋随笔换一函送上。其他笔记性小说我处还有，如需要，可寄送。

敬礼！

毛泽东

七月二十八日

毛泽东给谢觉哉的信（1944 年 7 月 28 日）

荐。从他一九四四年七月二十八日给谢觉哉的信里可以知道，他当时还有《容斋随笔》和其他笔记小说。范文澜那时送给他的一套《笔记小说大观》，后来带到了北京，现还存放在毛泽东故居。

进北京以后，根据毛泽东对中国古籍的广泛需要，特地买了一部《四部备要》，并陆续添置了其他一些古书。我记得在一九五二年，给他添置了一部大字本的《二十四史》，这就是一些人熟知的毛泽东经常阅读并作了大量圈、画和批注的那部《二十四史》。《四部备要》对中国的主要古籍收集得比较齐全，据我了解，不说全部，恐怕绝大部分，毛泽东都读过了。除此之外，毛泽东还阅读或者浏览了大量中国古典文学（包括诗、词、曲、赋、小说等）和各类杂书。所说杂书，也都是有知识性和趣味性的书籍，如《智囊》《笑林广记》之类。毛泽东对中国史书读得最多，四千万字左右的《二十四史》他是通读了的，有些部分不止读过一遍。他认为有意义的人物传记，还经常送刘少奇、周恩来、邓小平、彭真、彭德怀等中央领导人阅读。《资治通鉴》、《续资治通鉴》、《纲鉴易知录》、各朝纪事本末等，他也通读了。关于毛泽东读史的情况，在我的登记本里有这样一段记载：一九六二年九月二十日，毛泽东要《宋史》，我们送去《宋史》和《宋史纪事本末》。十一月二十三日，要其他各朝纪事本末。二十四日，又要《续通鉴纪事本末》。他说：看完《元史》，再看《通鉴纪事本末》，而后读《续通鉴纪事本末》。毛泽东有计划地阅读史书，由此可见一斑。

毛泽东嗜爱中国古书，但并不特别要求读古版本的书（这里说的古版本，不是指影印的古版本；影印的古版本他还是很喜欢的，如影印宋《楚辞》等）。在他的藏书中，既无宋版书，也极少明版书。他不是古董鉴赏家和收藏家，也不作烦琐的考证，而对于古书内容的研究和理解所达到的深度和广度，在许多方面实为一般学问家所不及。

毛泽东从阅读大量的古籍中，批判地汲取和继承了中国古代的优秀文化。对于中国古代文化，像他那样熟悉的，不仅在中国共产党领导人中，就是在近代的革命家中，都是不多见的。

批判地汲取和继承中国古代的优秀文化，首先要对中国文化遗产有一个科学的态度。关于这个问题，毛泽东在一九六〇年十二月对两个外国代表团的谈话中曾作过很好的说明。他说：

> 对中国的文化遗产应该充分地利用，批判地利用。中国几千年的文化，主要是封建时代的文化，但并不全是封建主义的东西，有人民的东西，有反封建的东西。要把封建主义的东西与非封建主义的东西区别开来。封建主义的东西也不全是坏的。我们要注意区别封建主义发生、发展和灭亡不同时期的东西。当封建主义还处在发生和发展的时候，它有很多东西还是不错的。〔1〕反封建

---

〔1〕对于孔孟之道，毛泽东也不是全盘否定的。1943 年，他曾针对那种认为孔孟之道是中国文化的不良传统的观点，指出："孔孟有一部分真理，全部否定是非历史的看法。"直到 1958 年 11 月，毛泽东在武昌会议上还说：我们共产党人看孔夫子，他当然是有地位的，因为我们是历史主义者。但说是什么圣人，我们也是不承认的。全盘否定孔孟之道，那是毛泽东在晚年搞"文化大革命"的时候。

> 主义的文化也不是全部可以无批判地利用的。因为封建时代的民间作品，也多少都还带有若干封建统治阶级的影响。
>
> 我们应当善于进行分析，应当批判地利用封建主义的文化，我们不能不批判地加以利用。反封建主义的文化当然要比封建主义的好，但也要有批判、有区别地加以利用。我所了解的是这样，我们现在的方针是这样。至于充分利用文化遗产，我们现在还没有做到。中国古典著作多得很，现在是分门别类地在整理，用现代科学观点逐步整理出来，重新出版。[1]

这就是毛泽东对待中国古代文化遗产所取的根本态度，也可以看作他阅读卷帙浩繁的中国古籍所得出来的基本经验。

根据我长期接触毛泽东读古书的情况，根据大量的文献资料的记载，我认为毛泽东读古书有两个显著特点：一是用历史唯物主义的观点阅读和解释中国古书的内容，我在这里把它称作“古籍新解”;一是汲取古书中的精华，有的还赋予新的含义，为现实斗争服务，这就是我们常说的“古为今用”。

---

〔1〕《应当充分地批判地利用文化遗产》(1960年12月24日)。见《毛泽东文集》第8卷，人民出版社1999年6月版，第225页。

## 二

毛泽东读古书，有一个基本观点，是贯穿始终的，这就是历史唯物主义的观点。在中国很多古书里，历代农民起义运动及其领袖人物，大都被当作“贼”“匪”“盗”“寇”，任加贬斥。但毛泽东则给他们以很高的历史地位。毛泽东读中国史书，比较喜欢看人物传记，包括农民起义领袖的传记。陈胜、吴广、张角、张鲁、王仙芝、黄巢直到李自成等的传记，他是常要看的。他认为，在中国封建社会里，只有农民的阶级斗争、农民的起义和农民的战争，才是历史发展的真正动力。〔1〕他在一九五八年十二月武昌会议期间读了《三国志》的《张鲁传》，先后写了两大段文字，重申并发展了上述重要观点。他说：“历代都有大小规模不同的众多的农民革命斗争，其性质当然与现在马克思主义革命运动根本不相同。但有相同的一点，就是极端贫苦农民广大阶层梦想平等、自由，摆脱贫困，丰衣足食。”〔2〕又说：“我国从汉末到今一千多年，情况如天地悬隔。但是从某几点看起来，例如，贫农、下中农的一穷二白，还有

〔1〕《毛泽东选集》第2卷，人民出版社1991年6月第2版，第625页。

〔2〕《毛泽东读文史古籍批语集》，中央文献出版社1993年11月版，第144—145页。

某些相似。汉末北方的黄巾运动，规模极大，称为太平道。在南方，有于吉领导的群众运动，也是道教。在西方（以汉中为中心的陕南川北区域），有五斗米道。史称，五斗米道与太平道‘大都相似’，是一条路线的运动。又称，张鲁等行五斗米道，‘民夷便乐’，可见大受群众欢迎。”“中国从秦末陈涉大泽乡（徐州附近）群众暴动起，到清末义和拳运动止，二千年中，大规模的农民革命运动，几乎没有停止过。同全世界一样，中国的历史，就是一部阶级斗争史。”〔1〕

毛泽东对于中国古书中一切多少带有民主性和革命性的东西，都是很有兴致阅读并加以肯定的。例如，他在读完白居易《琵琶行》之后，带着感情写下这样的评语：“江州司马，青衫泪湿，同在天涯。作者与琵琶演奏者有平等心情。白诗高处在此，不在他处。其然岂其然乎？”〔2〕他对《聊斋志异》中的《小谢》一篇也写过内容相似的评语，说道：“一篇好文章，反映了个性解放的强烈要求，人与人的关系应是民主的和平等的。”〔3〕

毛泽东对中国著名的古典小说，用历史唯物主义的观点，提出不少新鲜见解。例如，他说，《东周列国志》写了很多国

---

〔1〕《毛泽东读文史古籍批语集》，中央文献出版社 1993 年 11 月版，第 148—151 页。
〔2〕同上书，第 21 页。
〔3〕同上书，第 82—83 页。

毛泽东写在《聊斋志异》上的批注

内斗争和国外斗争的故事，讲了很多颠覆敌对国家[1]的故事，这是当时社会的剧烈变化在上层建筑方面的反映。这本书写了当时上层建筑方面的复杂尖锐的斗争，缺点是没有写当时的经济基础，当时的社会经济的剧烈变化。[2]他认为在揭露封建社会经济生活的矛盾，揭露统治者和被压迫者的矛盾方面，《金瓶梅》是写得很细致的。毛泽东把《红楼梦》看作一部描写封建大家族衰亡和封建社会阶级斗争的小说，给予高度评价，也充分肯定了小说描写的主要人物贾宝玉对封建制度的叛逆性格。同时又指出，书中的两位主角贾宝玉和林黛玉，对现代青年来说是不足为训的。贾宝玉不能料理自己的生活，连吃饭穿衣都要丫头服侍。林黛玉多愁善感，常好哭脸，她瘦弱多病，只好住在潇湘馆，吐血，闹肺病。我们不需要这样的青年！我们今天需要的青年是有活力，有热情，有干劲和坚强意志的革命青年。[3]毛泽东对《西游记》及其作者颇为称赞。他对《西游记》第二十八回一段文字写的一个批语说："'千日行善，善犹不足；一日行恶，恶常有余。'乡愿思想也。孙悟空的思想

〔1〕这里所说的国家，是指春秋战国时代的诸侯国。

〔2〕毛泽东读苏联《政治经济学教科书》的谈话（1959年12月至1960年2月）。见《党的文献》1994年第5期。

〔3〕周世钊：《毛主席青少年时期锻炼身体的故事》。这段话是1951年秋，毛泽东与周世钊等人谈话时说的。

与此相反，他是不信这些的，即是说作者吴承恩不信这些。他的行善，即是除恶。他的除恶，即是行善。所谓‘此言果然不差’，便是这样认识的。”[1]这个批语，在某种程度上，也反映了毛泽东在善恶问题上的辩证观点。

毛泽东对于凡在历史上起过进步作用，具有革新思想和革命精神的人物，都给予程度不同的肯定评价。他很推崇和赞赏战国时代的伟大爱国诗人屈原，唐朝中期实行政治改革的二王（王伾、王叔文）、八司马（柳宗元、刘禹锡、韩泰等八名士），明朝那位大胆揭露假道学的思想家李卓吾，清朝地主阶级的改革派魏源、龚定庵、林则徐，维新派康有为、梁启超、谭嗣同，资产阶级革命家章太炎、邹容、陈天华等，很爱读他们的著作和传记。康有为的《新学伪经考》和《孔子改制考》、章太炎的《驳康有为书》、邹容的《革命军》以及记载他们政治活动的历史资料，他是经常要看的。康有为的这两本书，在学术考辨方面没有什么特别的重要性，但在思想上对封建传统思想加以涤荡，对守旧的顽固派给以打击。因而，在当时的知识分子中起到解放思想的启蒙作用，为维新变法做了舆论准备。章太炎的《驳康有为书》、邹容的《革命军》和有关《苏报》案的

[1]《毛泽东读文史古籍批语集》，中央文献出版社 1993 年 11 月版，第 74—75 页。

材料，根据我的记载，毛泽东就要过四次：一九五八年二月，一九六一年七月，一九六三年三月、七月。毛泽东对章太炎和邹容的英勇的革命精神和笔锋犀利的文字，深为赞佩。为表示对这两位革命家的怀念，毛泽东在《革命军》一书扉页的邹容肖像旁边，挥笔书写了章太炎狱中赠邹容的那首诗："邹容吾小友（弟），被发下瀛洲。快剪刀除辫，干牛肉作糇。英雄一入狱，天地亦悲秋。临命当（须）掺手，乾坤只两头。"在一九五八年的成都会议上，毛泽东又提到章太炎和邹容。他说：四川有个邹容，他写了一本书，叫《革命军》，我临从北京来，还找这本书望了一下。他算是提出了一个民主革命的简单纲领。他到日本只有十七岁，写书的时候大概是十八九岁。二十岁时跟章太炎在上海一起坐班房，因病而死。章太炎所以坐班房，就是因为他写了一篇文章，叫《驳康有为书》。这篇文章值得一看，其中有两句："载湉小丑，不辨菽麦"，直接骂了皇帝。这个时候章太炎年纪还不大，大概三十几岁。

毛泽东说："读历史的人不一定是守旧的人。"〔1〕毛泽东喜欢阅读历史上那些起过进步作用的、对旧势力旧制度具有反叛性格的革新者、改革家和革命家的著作以及他们的传记，这从一个侧面反映出毛泽东不断前进，不断创新，不断探索新道路、

〔1〕 毛泽东在最高国务会议上的讲话（1958 年 1 月 28 日）。

开拓新世界的精神面貌。

毛泽东一贯鼓励人们用历史唯物主义的观点清理中国古代文化。在这方面，凡有成绩者，皆鼓励之；凡有不足者，加以劝说；凡违反者，给以批评；而对于世界观已经固定的老先生们则不强求之。一九四〇年，范文澜在延安新哲学会上作了一个关于中国经学简史的讲演，毛泽东读了讲演提纲，十分高兴，称赞说："用马克思主义清算经学这是头一次。"〔1〕一九四四年毛泽东读了李健侯所著《永昌演义》的书稿后，致信李鼎铭，一方面称赞作者"经营此书，费了大力"；又一方面指出该书"赞美李自成个人品德，而贬抑其整个运动"的缺点。同时指出，中国自秦以来二千余年推动社会向前进步的力量主要的是农民战争，并以商量的口吻表示，企望作者能持这个新的历史观点对书稿加以改造。〔2〕一九六五年毛泽东读了章士钊的《柳文指要》下部以后，写信给章士钊说，此书已经读过一遍，还想读一遍。"大问题是唯物史观问题，即主要是阶级斗争问题。但此事不能求之于世界观已经固定之老先生们，故不必改动"。〔3〕

---

〔1〕《毛泽东书信选集》，中央文献出版社 2003 年 11 月版，第 149 页。
〔2〕《毛泽东文集》第 3 卷，人民出版社 1996 年 8 月版，第 128 页。
〔3〕《毛泽东文集》第 8 卷，人民出版社 1999 年 6 月版，第 417 页。

## 三

毛泽东阅读中国古书是同现实生活相联系，为现实斗争服务的。他同那些信而好古，钻到故纸堆里出不来的人，大相径庭；同那些言必称希腊，对于自己国家的历史一点也不懂或者懂得甚少的人，也完全不同。

一九五四年冬，有一天，毛泽东与吴晗谈起整理、标点《资治通鉴》时说：《资治通鉴》这部书写得好，尽管立场观点是封建统治阶级的，但叙事有法，历代兴衰治乱本末毕具，我们可以批判地读这部书，借以熟悉历史事件，从中吸取经验教训。[1] 从毛泽东这些话里可以看出，他读古书，特别是读古代史书，其着眼点是为了今天，这就是古为今用。

我们看到在《毛泽东选集》中引用了很多古籍，在毛泽东的许多讲话和谈话中，引用的古籍就更多了。毛泽东能够随时自如地引用古书中的文章、诗句和典故，或者说明一个政治思想原则问题，或者阐述一个深刻的哲学道理，或者论证一个军事策略思想，或者借鉴一个历史经验，给人以新颖而形象的感受，具有很强的感染力和说服力。

---

〔1〕谭其骧：《学者、才子、为社会主义事业奋斗终身的好干部》。见《吴晗纪念文集》，北京出版社 1984 年 9 月版，第 34 页。

“实事求是”“惩前毖后，治病救人”“知无不言，言无不尽；言者无罪，闻者足戒”“兼听则明，偏听则暗”“凡事预则立，不预则废”“祸兮福所倚，福兮祸所伏”“任人唯贤”“百家争鸣”“多谋善断”等等，这些言简意赅的古语，被毛泽东发掘出来，为群众所掌握，有些成为我们党所遵循的思想路线，有些成为党内组织生活的原则和处理人与人之间关系的规范，有些则是党的某一方面的工作方针或者具有普遍意义的工作方法。

一九三九年九月十六日，毛泽东在答三记者问时，用东汉朱浮写给彭宠的一封信中的两句话：“凡举事无为亲厚者所痛，而为见仇者所快”，批评蒋介石对共产党搞什么限制“异党”“异军”等有利于日本帝国主义和汉奸而不利于抗战的反动行径，一针见血，切中要害。

一九四二年十二月，毛泽东在《经济问题与财政问题》一书中，批评我们有些部队、机关、学校负行政指挥责任的同志不大去管生产活动，是因为他们“中了董仲舒们所谓‘正其谊不谋其利，明其道不计其功’这些唯心的骗人的腐话之毒，还没有去掉得干净”。〔1〕

在一九四五年七大闭幕词里，毛泽东用“愚公移山”这个古老的寓言，比喻和激励中国人民把反帝反封建的民主革命进

---

〔1〕《毛泽东文集》第2卷，人民出版社1993年12月版，第465页。

行到最后胜利的决心，起了极大的动员和鼓舞作用。今天我们党仍然用这个寓言来激励全国人民为实现四化和进行全面改革而奋斗。

一九四九年二月十五日在《四分五裂的反动派为什么还要空喊“全面和平”？》一文中，毛泽东借用元朝人萨都剌《登石头城》一词中“天低吴楚，眼空无物”，说明国民党四分五裂、众叛亲离、日暮途穷的状况。在同年八月十八日写的《别了，司徒雷登》一文中，又用李密《陈情表》的两句话“茕茕孑立，形影相吊”，刻画美国驻华大使司徒雷登在中国人民革命高潮中彻底孤立的形象。

一九五六年十二月，在我国社会主义改造基本完成的时候，毛泽东在同民建和工商联负责人谈话时，借用韩愈的《送穷文》，表达了中国人民要求摆脱贫穷落后的意志和愿望。他说：“我们也要写‘送穷文’。中国要几十年才能将穷鬼送走。”[1]

一九五九年六月，正当由于“大跃进”而造成国民经济比例严重失调的时候，毛泽东在一次个人谈话中说，我们过去八年的经济建设都是平衡的，就是去年下半年刮了七八个月的“共产风”，没有注意综合平衡，因此产生经济失调的现象。他接着引用唐朝医学家孙思邈的话：“胆欲大而心欲小，智欲圆

〔1〕《毛泽东文集》第7卷，人民出版社1999年6月版，第171—172页。

而行欲方。”又引用曹操批评袁绍的话：“志大而智小，色厉而胆薄，忌克而少威，兵多而分画不明，将骄而政令不一，土地虽广，粮食虽丰，适足以为吾奉也。”毛泽东当时引用这些话是要说明，我们做经济工作应该有清醒的头脑，胆大心细，多思慎行，统筹全局，责任分明，不然，就会造成损失。

毛泽东多次讲过卞和献璞的故事。这个故事说：楚国有个卞和，得到一块很好的玉石，献给楚王，楚王说他骗人，把他的左脚砍掉了。第二次又献上去，还说他骗人，把他的右脚砍掉了。卞和坚信真理，坚信自己献的是好玉石，第三次再献上去，被确实证明了是块好玉，才取得了信任。毛泽东讲这个故事说明，要使人们相信真理，抛弃偏见，不是一件简单的事，为此甚至还要作出某种牺牲。

毛泽东引用宋玉的《风赋》告诉我们，做一个领导者要善于辨别政治风向，在风“起于青萍之末”的时候就要引起注意，当然这是很不容易做到的。

毛泽东以南北朝梁将韦睿的事迹教育我们的干部。《南史》的《韦睿传》中有这样一段记载：“睿雅有旷世之度，莅人以爱惠为本，所居必有政绩。将兵仁爱，士卒营幕未立，终不肯舍，井灶未成，亦不先食。”大意是说，韦睿这个人，豁达大度，古来所无，其在职位，必有政绩，对部下十分爱护，与将士同甘共苦，自身非常艰苦朴素。在这段记载的旁边，毛泽东

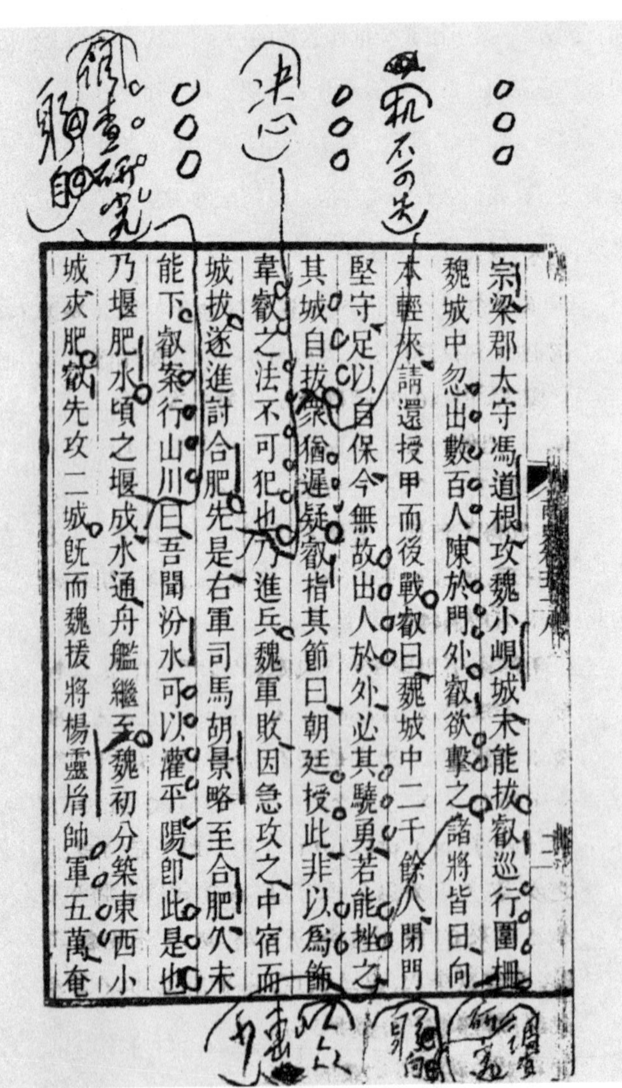

宗梁郡太守馮道根攻魏小峴城未能拔叡巡行圍柵
魏城中忽出數百人陳於門外叡欲擊之諸將皆曰向
本輕來請還授甲而後戰叡曰魏城中二千餘人閉門
堅守足以自保今無故出人於外必其驍勇若能挫之
其城自拔衆猶遲疑叡指其節曰朝廷授此非以爲飾
韋叡之法不可犯也乃進兵魏軍敗因急攻之中宿而
城拔遂進討合肥先是右軍司馬胡景略至合肥久未
能下叡案行山川曰吾聞汾水可以灌平陽即此是也
乃堰肥水頃之堰成水通舟艦繼至魏初分築東西小
城夾肥叡先攻二城既而魏援將楊靈胤帥軍五萬奄



毛泽东写在《南史·韦睿传》上的批注

写了一句批语："我党干部应学韦睿作风。"此类批语在《韦睿传》中还有不少，如"躬自调查研究""将在前线""不贪财""干部需和""仁者必有勇"。[1]这些称赞韦睿的话，不也就是我们的干部应当学习的吗？

毛泽东还以东吴大将吕蒙发愤读书的故事，教育我们军队的高级干部应当努力读书学习，提高自己的理论和文化水平。他说：吕蒙是行伍出身的，没有文化，很感不便。后来孙权劝他念书，他接受劝告，勤读苦读，以后当了东吴的统帅。我们现在的高级军官中，百分之八九十都是行伍出身，参加革命后才学文化的，他们不可不读《周瑜鲁肃吕蒙合传》。[2]

毛泽东读"二十四史"和其他古籍，写了不少关于战略战术的批语。《智囊》中有一段讲唐太宗用兵之道的，略谓："唐太宗尝言：'自少经略四方，颇知用兵之要。每观敌阵，则知其强弱，常以吾弱当其强，强当其弱。彼乘吾弱，奔逐不过数百步；吾乘其弱，必出其阵后反而击之，无不溃败。'盖用孙子之术也。"对此，毛泽东写了一个批语，并对唐太宗、朱元璋的军事才能有所评价。他说："所谓以弱当强，就是以少

〔1〕《毛泽东读文史古籍批语集》，中央文献出版社 1993 年 11 月版，第 199—204 页。

〔2〕余湛邦：《张治中将军随同毛主席巡视大江南北的日子》。见 1983 年 12 月 17 日《团结报》。

如此简明的十条政治纲领，古今少见。

荒雜臣請戚屬不任臺省可乎先朝褻狎大臣虧君臣
之嚴臣願陛下接之以禮可乎燕欽融韋月將以忠被
罪自是諍臣沮折臣願羣臣皆得批逆鱗犯忌諱可乎
武后造福先寺上皇造金仙玉眞二觀費鉅百萬臣請
絕道佛營造可乎漢以祿莽閻梁亂天下國家爲甚臣
願推此鑒戒爲萬代法可乎帝曰朕能行之崇乃頓首
謝翌日拜兵部尚書同中書門下三品封梁國公遷紫
微令固辭實封乃停舊食賜新封百戶中宗時近戚奏
度僧尼溫戶彊丁因避賦役至是崇建言佛不在外悟
之于心行事利益使蒼生安穩是謂佛理烏用姦人以

毛泽东写在“二十四史”上的批注

再读陈庆之传并韦放传，为之神往。一九六九年六月二日在武昌

以慶之爲武威將軍與胡龍牙成景儁率諸軍應接還除宣猛將軍文德主帥仍率軍送豫章王綜入鎮徐州魏遣安豐王元延明臨淮王元彧率衆十萬來拒延明先遣其別將丘大千觀兵近境慶之輕破之後豫章王棄軍奔魏慶之乃斬關夜退軍士獲全普通七年安西將軍元樹出征壽春除慶之假節總知軍事魏豫州刺史李憲遣其子長鈞別築兩城相拒慶之攻拔之憲力屈遂降慶之入據其城轉東宮直閤大通元年隸領軍曹仲宗伐渦陽魏遣常山王元昭等東援前軍至駞澗去渦陽四十里韋放曰賊鋒必是輕鋭戰捷不足爲功

盈縮之期，不盡在天，養怡之福，可以永年。

謚簡穆僧虔頗解星文夜坐見豫章分野當有事故時
僧虔子慈爲豫章內史慮有公事少時而僧虔薨棄郡
奔赴時有前將軍陳天福坐討唐寓之於錢唐掠奪百
姓財物棄市先是天福將行令家人豫作壽冢未至東
又信催速就冢成而得罪因以葬焉又宋世光祿大夫
劉鎮之年三十許病篤已辦凶具旣而疾愈因畜棺以
爲壽九十餘乃亡此器方用因此而言天道未易知也
僧虔論書云宋文帝書自言可比王子敬時議者云天
然勝羊欣功夫少於欣王平南廙右軍叔過江右軍之
前以爲最亡曾祖領軍右軍云弟書遂不減吾變古制

南史卷二十二　十七

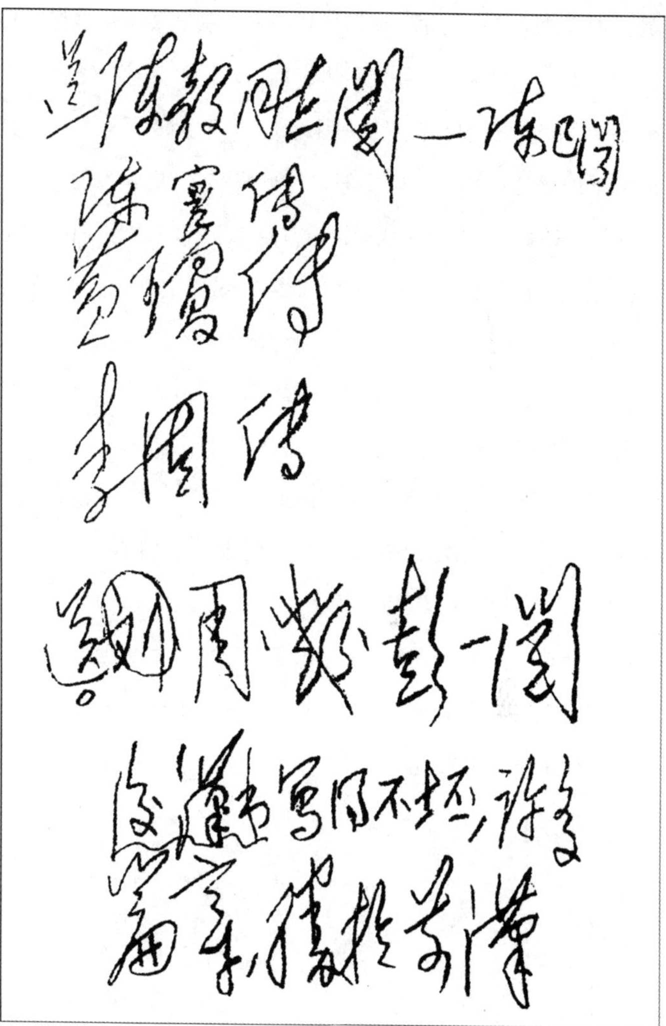

数兵力佯攻敌诸路大军。所谓以强当弱，就是集中绝对优势兵力，以五、六倍于敌一路之兵力，四面包围，聚而歼之。自古能军无出李世民之右者，其次则朱元璋耳。”[1]毛泽东有关这方面的批语，还有如“先退后进”“中间突破”“有强大的战斗后备队”“攻魏救赵，因败魏军，千古高手”“胡柳陂正面突破不成，乃从东向南打大迂回，乘虚而入，卒以成功”“契丹善用诱敌深入战，让敌人多占地方，然后待机灭敌”等等。

在阅读战争方面的历史时，毛泽东特别强调不杀俘虏。据《新五代史》记载：梁将王彦章被唐庄宗俘获，庄宗劝其投降，王不从。遂被杀。此处毛泽东批道：“杀降不可，杀俘尤不可。”[2]在读《三国志》时还有类似的批语：“杀降不武。”[3]“杀降不祥，孟德所不为也。”[4]

毛泽东用中国历史上的战争事例说明中国革命战争的战略战术问题，在《毛泽东选集》中屡见不鲜，此处不再赘述。

毛泽东还以梁鸿不因人热的故事[5]教诲自己的子女和身边

---

〔1〕《毛泽东读文史古籍批语集》，中央文献出版社 1993 年 11 月版，第 65—66 页。

〔2〕同上书，第 270 页。

〔3〕同上书，第 163 页。

〔4〕同上书，第 141 页。

〔5〕不因人热的故事，见《东观汉记·梁鸿》。梁鸿，东汉人，少孤家贫。一次他的邻居做完饭，要梁鸿趁着热灶热锅接着做饭，梁鸿说，“童子鸿不因人热者也”，他又自己点起火来做饭。

工作人员，鼓励他们要有志气，要靠自己艰苦创业，不要仰仗他人。

以上谈到的，仅仅是毛泽东古为今用的一些例子，这样的例子举不胜举。没有马克思主义观点，没有渊博的学识和丰富的革命实践经验，要做到这样自如地运用典故、成语，是难以想象的。当然，无可讳言，毛泽东晚年，在“左”的思想指导下，引用典故或者古诗、古语，也有失之偏颇的，为推行某些“左”的政策提供历史论据，伤害过自己的同志，这是应当引以为戒的。

毛泽东不仅喜欢读中国历史书，也喜欢读外国的历史书和著名政治家传记。他对外国历史也是比较熟悉的，这里不再详说。

## 四

在诗词方面，自《诗经》以下，我国历代的诗词曲赋，毛泽东差不多都广泛地阅读过。其中比较喜欢的是《楚辞》、唐诗、宋词和元曲。

一九五七年十二月，毛泽东曾要我们把各种版本的《楚辞》以及有关《楚辞》和屈原的著作尽量收集给他。我专门请何其芳列了一个目录，经过两个多月的努力，把古今有价值的各种《楚辞》版本和有关著作收集了五十余种。在那一段时间里，毛泽东比较集中地阅读了这些书。以后，他又在一九五九年、一九六一年两次要《楚辞》，一九六一年六月十六日还特别指名要人民文学出版社影印的宋版《楚辞集注》。在楚辞中，毛泽东尤爱屈原的《离骚》。一九五八年一月十二日，他在一封信里写道："我今晚又读了一遍《离骚》，有所领会，心中喜悦。"《离骚》是一篇杰出的浪漫主义作品，反映了作者强烈的爱国主义热情，对于光明和理想的追求，以及不屈不挠的斗争精神。正是这些，吸引着毛泽东，从青年时代直到晚年。

毛泽东爱读唐诗。我们为他收集了各种唐诗选本，仅《唐诗三百首》就准备了好几本。后来又买了一部《全唐诗》。在唐诗中，毛泽东最喜欢"三李"，即李白、李贺、李商隐的诗，主要喜欢他们的浪漫主义的风格。特别是李白，这位继屈原之后我国最伟大的浪漫主义诗人，他的诗作气派宏大，感情充沛，具有神奇的想象力和高超的艺术魅力。除"三李"以外，毛泽东也比较喜欢初唐四杰的诗，对这四位诗人，特别是王勃，有较高的评价。他在读《初唐四杰集》一书时写的一段批语中说道："这个人（指王勃。——引者）高才博学，为文光昌流丽，反映当时封建盛时的社会动态，很可以读。这个人一生倒霉，到处受惩，在虢州几乎死掉一条命。所以他的为文光昌流丽之外，还有牢愁满腹一方。杜甫说：'王、杨、卢、骆当时体，不废江河万古流'，是说得对的。为文尚骈，但是唐初王勃等人独创的新骈、活骈，同六朝的旧骈、死骈，相差十万八千里。他是七世纪的人物，千余年来，多数文人都是拥护初唐四杰的，反对的只有少数。以一个二十八岁的人，写了十六卷诗文作品，与王弼的哲学（主观唯心主义），贾谊的历史学和政治学，可以媲美，都是少年英发，贾谊死时三十几，王弼死时二十四，还有李贺死时二十七，夏完淳死时十七，都是英俊天才，惜乎死得太早了。"〔1〕

在宋词作家中，毛泽东崇尚苏东坡和辛弃疾。苏东坡在艺术风格上开创了词坛上的一个重要流派——豪放派。苏词气势磅礴，豪迈奔放，一扫晚唐五代词家柔靡纤弱的气息。辛弃疾继承了苏东坡豪放的风格，又熔铸了南宋初期爱国诗人的战斗传统。《四库全书总目提要》说辛词"慷慨纵横，有不可一世之概"，是很确当的。辛词在许多方面超过了苏东坡。《稼轩长短句》是毛泽东经常放在身边的一部书。毛泽东还指名要过南宋的一些爱国词人（包括诗人）如陆游、张孝祥（其词集名《于湖词》）、张元幹（其词集名《归来集》）、洪皓（其诗词集名《鄱阳集》）等人的作品。他们的诗词的共同特点是，爱国主义

〔1〕《毛泽东读文史古籍批语集》，中央文献出版社 1993 年 11 月版，第 9—11 页。

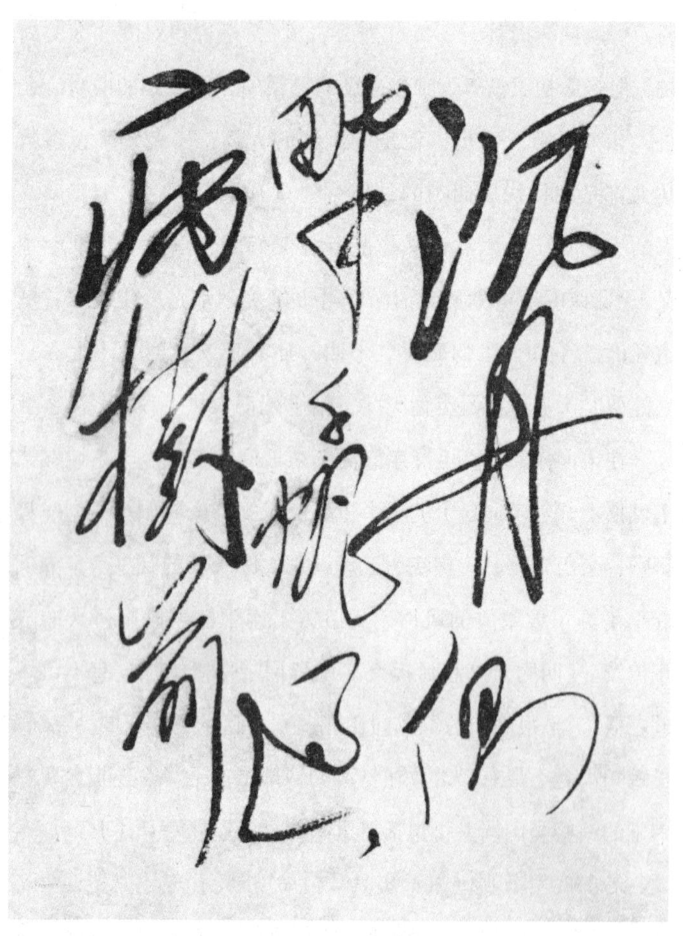

毛泽东手书刘禹锡《酬乐天扬州初逢席上见赠》诗句

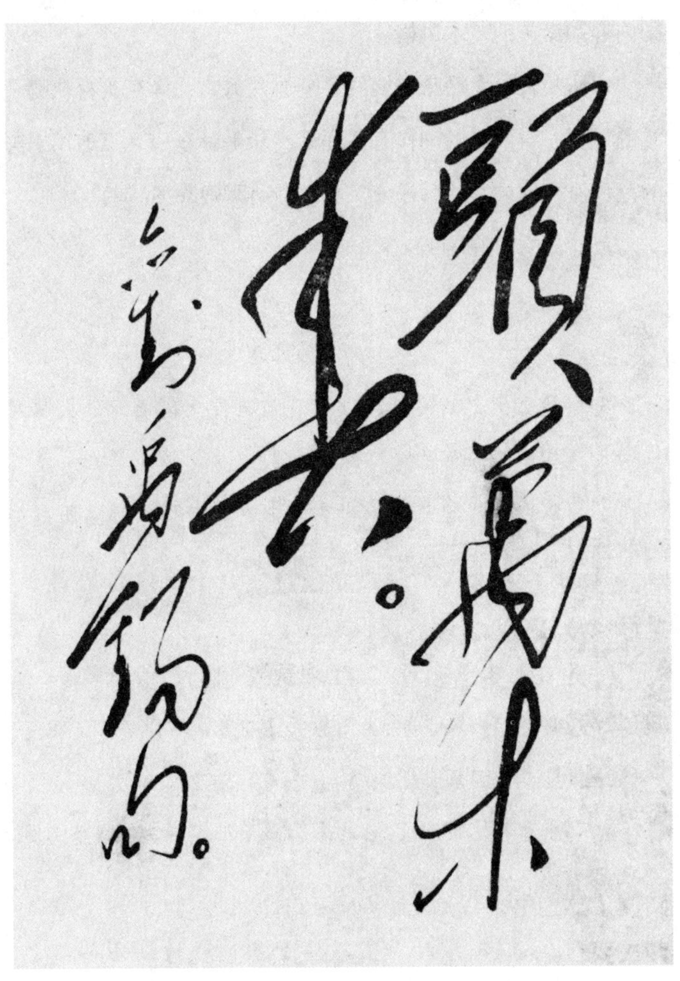

的内容和豪放的艺术风格。

中国的古词，历来分婉约、豪放两派。毛泽东更喜欢哪一派的词作？对两派的词作有何评论？从毛泽东一九五七年书写的范仲淹两首词及读后评论，可以得到明确答案。

范仲淹的两首词：

### 苏幕遮

碧云天，黄叶地，秋色连波，波上寒烟翠。山映斜阳天接水，芳草无情，更在斜阳外。

黯乡魂，追旅思，夜夜除非，好梦留人睡。明月楼高休独倚，酒入愁肠，化作相思泪。

### 渔家傲

塞下秋来风景异，衡阳雁去无留意。四面边声连角起。千嶂里，长烟落日孤城闭。

浊酒一杯家万里，燕然未勒归无计。羌管悠悠霜满地。人不寐，将军白发征夫泪。

毛泽东写的评论全文：

词有婉约、豪放两派，各有兴会，应当兼读。读婉约派久了，厌倦了，要改读豪放派。豪放派读久了，又厌倦了，应当改读婉约派。我的兴趣偏于豪放，不废婉约。婉约派中有许多意境苍凉而又优美的词。范仲淹的上两首，介于婉约与豪放两派之间，可算中间派吧，但基本上仍属婉约，既苍凉又优美，使人不厌读。婉约派中的一味儿女情长，豪放派中的一味铜琶铁板，读久了，都令人厌倦的。人的心情是复杂的，有所偏但仍是复杂的。所谓复杂，就是对立统一。人的心情，经常有对立的成分，不是单一的，是可以分析的。词的婉约、豪放两派，在一个人读起来，有时喜欢前者，有时喜欢后者，就是一例。睡不着，哼范词，写了这些。江青看后，给李讷看一看。

一九五七年八月一日〔1〕

这篇文字是非常珍贵的，从中不仅可以了解毛泽东对中国古词和范仲淹这两首词的重要而颇有意味的见解，更可以了解毛泽东的心情、性格和爱好。

毛泽东读诗词的范围非常广泛，他能全文背诵的诗词不计其数。一九六四年十二月，他读《五代史》时，想起自己早年读过的一首诗《三垂冈》，因记不起作者名字，于二十九日写

〔1〕《毛泽东文集》第7卷，人民出版社1999年6月版，第304页。

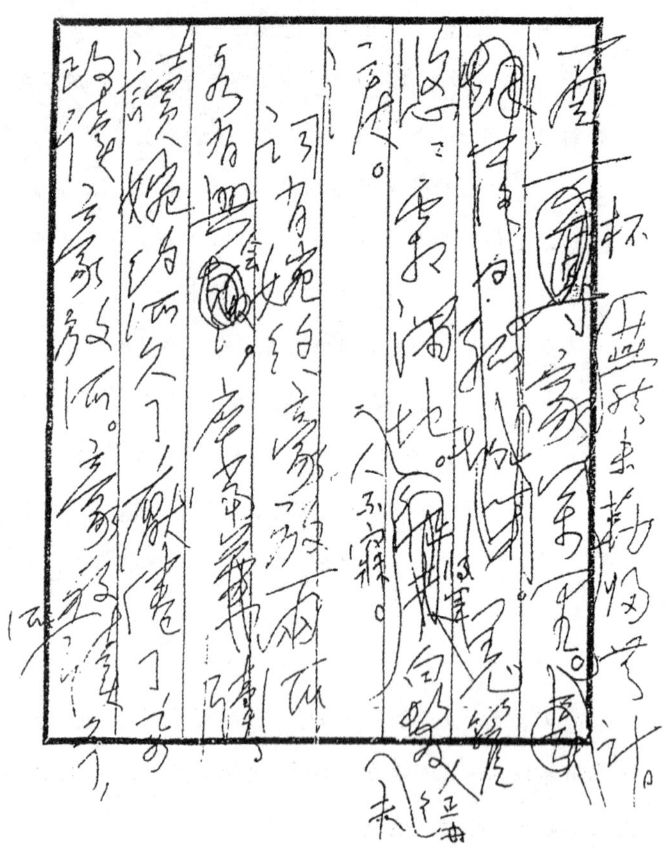

毛泽东对范仲淹两首词的评注（1957 年 8 月 1 日）

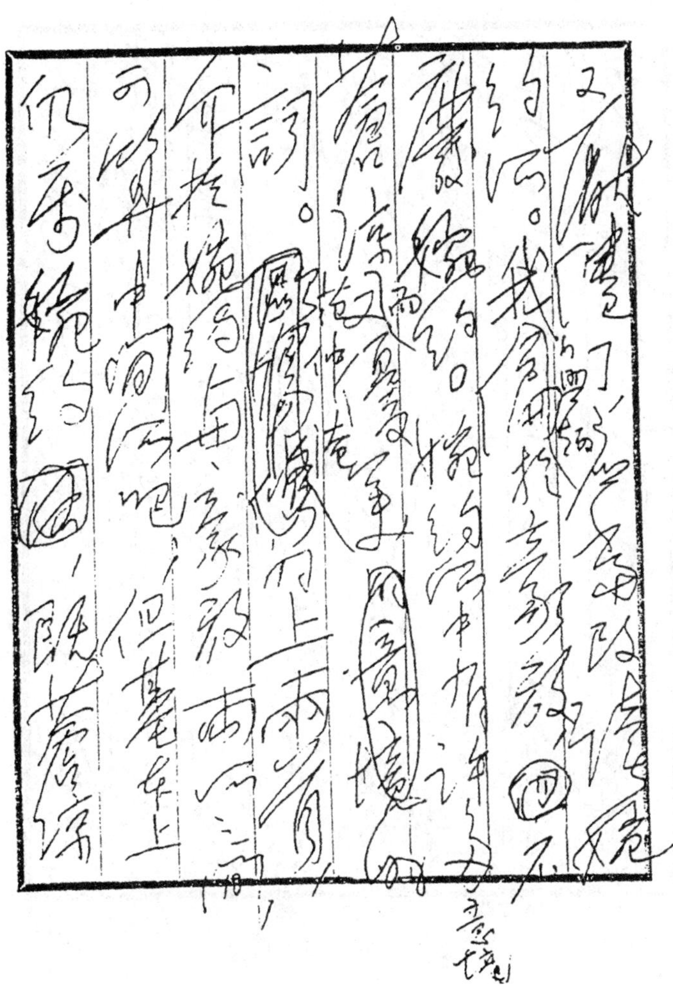

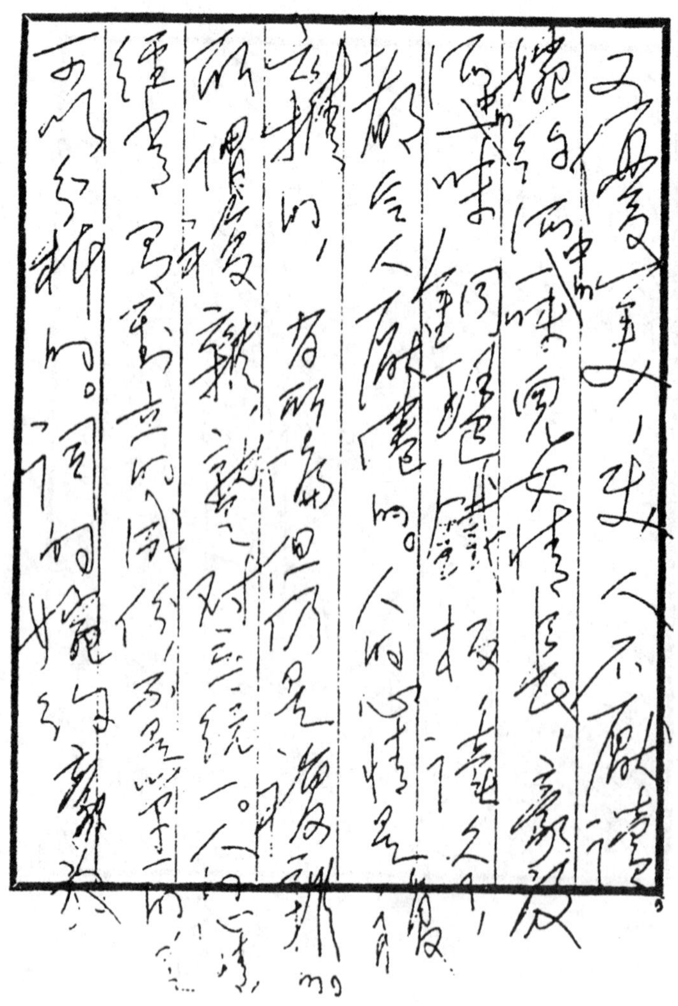

又优美，使人不厌读。婉约派中的一味儿女情长，豪放派中的一味铜琶铁板，读久了，都令人厌倦的。人的心情是复杂的，有所偏，但仍是复杂的。所谓复杂，就是对立统一。人的心情，经常有对立的成分，不是单一的，是可以分析的。词的婉约、豪放两派

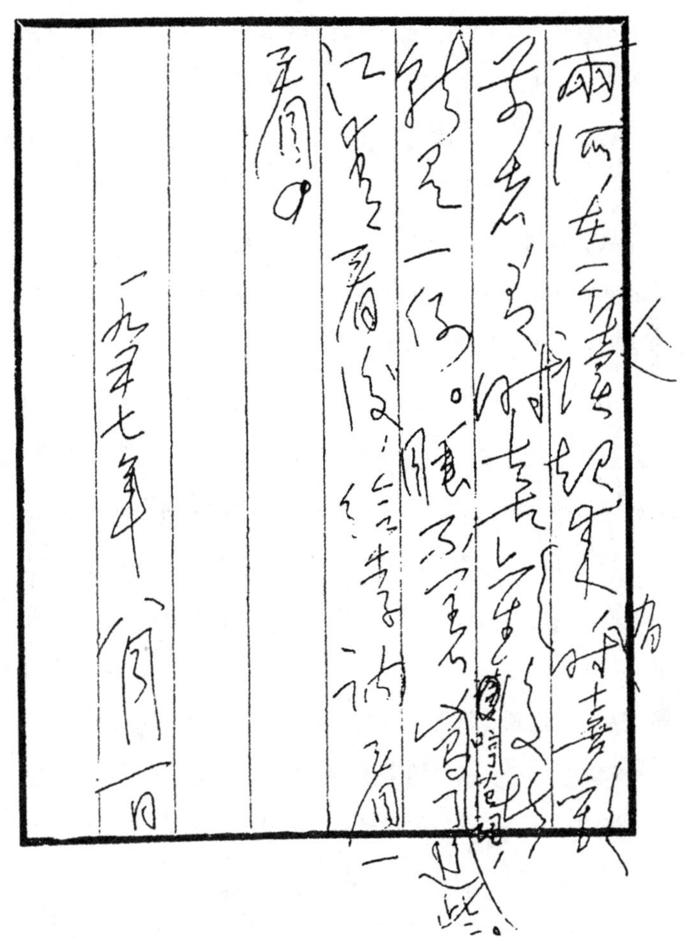

信请田家英帮助查出，并将此诗的全文一字不差地凭记忆写下来附上。[1]信中说："近读《五代史·后唐庄宗纪》三垂冈战役，记起了年轻时曾读过一首咏史诗，忘记了是何代何人所作。请你一查，告我为盼！"

从上面列举的毛泽东喜爱的诗词，可以从一个方面反映出他的性格和精神风貌。毛泽东的诗词，从艺术上说，继承了这些诗人和词作家的优良传统。

在古文方面，毛泽东既喜欢六朝的骈文，也爱读唐宋八大家和其他一些人的散文。对六朝的骈文，毛泽东虽然认为它不如初唐的新骈，但他还是喜欢读的。收入六朝骈文的《六朝文絜》和其他六朝人的各种文集，是他经常要的。骈文的特点是字句整齐，语言精美，对仗工整，有一些相当好的写景抒情文章。在唐宋八大家中，毛泽东最喜欢柳宗元的散文，柳文同他的诗一样，清新、精细、寓意含蓄、富有哲理。柳宗元是一个革新派，具有进步的政治主张，又有朴素的唯物主义思想，这些进步的思想反映在他的作品里，更增添了柳文的光辉。相对

---

〔1〕毛泽东当时凭记忆写下来的《三垂冈》诗，全文如下："英雄立马起沙陀，奈此朱梁跋扈何。只手难扶唐社稷，连城犹拥晋山河。风云帐下奇儿在，鼓角灯前老泪多。萧瑟三垂冈下路，至今人唱百年歌。"诗后注明："诗歌颂李克用父子。"该诗中的"犹""下"二字，有的版本为"且"和"畔"。毛泽东所抄写的，与袁枚《随园诗话》引用的版本相同。

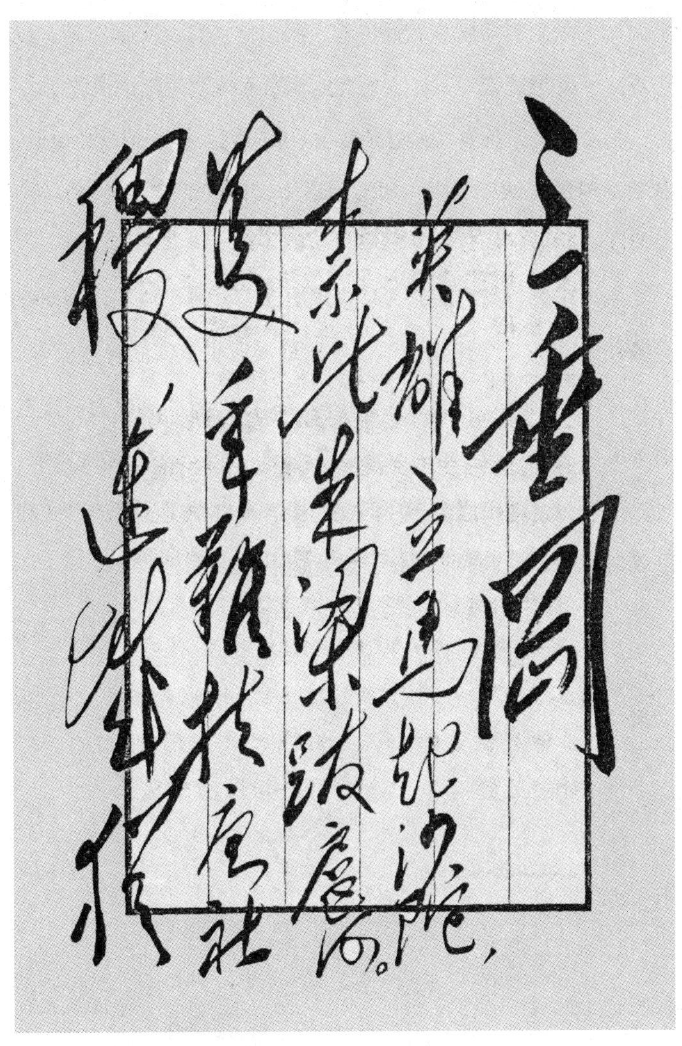


毛泽东手书严遂成《三垂冈》

来说，毛泽东对于韩愈的评价差一些。他认为，文学作品，包括诗，不要把话说尽了，而韩愈的文章和诗就是把话讲完了。

毛泽东经常称赞一些好的古文,并向别人推荐阅读。他说，秦朝李斯的《谏逐客书》很有说服力，西汉贾谊的《治安策》是西汉一代最好的政论，等等。

毛泽东通过潜心阅读大量中国史书、古典小说、诗词曲赋等各种形式的文学作品，不仅批判地汲取了丰富的思想营养，也在文风上吸收了它们的优良传统。所以，他能够成为一代杰出诗人和语言大师，写出大量文字优美，词汇丰富，说理透辟，气势磅礴，融古代语言于白话文之中，具有中国的民族形式和民族气派的马克思主义著作，也就是很自然的了。

# “红学”一家言

龚育之　宋贵仑

毛泽东很喜欢读《红楼梦》，自己反复读，也劝人反复读。他多次谈过应该怎样读《红楼梦》，笔者之一有机会听到过一回。那是一九六四年八月十八日在北戴河，毛泽东找几个哲学工作者谈话，除了几个别的人，还有吴江、邵铁真、龚育之。根据龚育之当时的记录，毛泽东是这样说的：

> 《红楼梦》我至少读了五遍。我是把它当历史读的。开始当故事读，后来当历史读。什么人都不注意《红楼梦》的第四回，那是个总纲，还有“冷子兴演说荣国府”、“好了歌”和注。第四回“葫芦僧乱判葫芦案”，讲护官符，提到四大家族：“贾不假，白玉为堂金作马；阿房宫，三百里，住不下金陵一个史。东海缺少白玉床，龙王来请金陵王；丰年好大雪，珍珠如土金如铁。”《红楼梦》写四大家族，阶级斗争激烈，几十条人命。统治者二十几人（有人算了说是三十三人），其他都是奴隶，三百多个，鸳鸯、司棋、尤二姐、尤三姐等等。讲历史不拿阶

级斗争观点讲，就讲不通。《红楼梦》写出来有二百多年了，研究红学的到现在还没有搞清楚，可见问题之难。有俞平伯、王昆仑，都是专家。何其芳也写了个序，又出了个吴世昌。这是新红学，老的不算。蔡元培对《红楼梦》的观点是不对的，胡适的看法比较对一点。[1]

这段话从《红楼梦》谈到“红学”，本文也就分这样两个部分，进一步介绍毛泽东的一些有关论点，并简单地谈谈我们的看法。

## 把《红楼梦》当历史读

毛泽东对《红楼梦》评价极高。他在《论十大关系》中说过，我国“工农业不发达，科学技术水平低，除了地大物博、人口众多、历史悠久，以及在文学上有部《红楼梦》等等以外，很多地方不如人家，骄傲不起来”。[2] 这里提到《红楼梦》，固然有幽默的成分，确实也是引以自豪。《红楼梦》足以卓立于世

---

〔1〕《谈〈红楼梦〉》(1959—1973年)。见《毛泽东文艺论集》，中央文献出版社2002年4月版，第208—209页。

〔2〕《毛泽东文集》第7卷，人民出版社1999年6月版，第43页。

界文学名著之林而无逊色。如同意大利的但丁、英国的莎士比亚、法国的巴尔扎克、俄国的托尔斯泰是他们各自民族的骄傲和世界人民的骄傲一样，《红楼梦》的作者曹雪芹是我国人民也是世界人民的骄傲。

把《红楼梦》当故事读，是读小说的初浅层次。把《红楼梦》当历史读，进到了读小说的较深层次。

怎么叫做把《红楼梦》当历史读呢？我们体会，头一个意思，是要了解《红楼梦》在怎样的历史背景下产生，《红楼梦》中的思想反映了怎样的历史进步要求。

一九六二年一月在扩大的中央工作会议上，毛泽东在谈到西方资本主义的发展从十七世纪开始经过了好几百年的时候说：“十七世纪是什么时代呢？那是中国的明朝末年和清朝初年。再过一个世纪，到十八世纪上半期，就是清朝乾隆时代，《红楼梦》的作者曹雪芹就生活在那个时代，就是产生贾宝玉这种不满意封建制度的小说人物的时代。乾隆时代，中国已经有了一些资本主义生产关系的萌芽，但是还是封建社会。这就是出现大观园里那一群小说人物的社会背景。”〔1〕

一九五八年八月，毛泽东在审阅和修改陆定一的《教育必须与生产劳动相结合》这篇文章时，加写了这样一段话：“中

〔1〕《毛泽东文集》第8卷，人民出版社1999年6月版，第301—302页。

国教育史有人民性的一面。孔子的有教无类，孟子的民贵君轻，荀子的人定胜天，屈原的批判君恶，司马迁的颂扬反抗，王充、范缜、柳宗元、张载、王夫之的古代唯物论，关汉卿、施耐庵、吴承恩、曹雪芹的民主文学，孙中山的民主革命，诸人情况不同，许多人并无教育专著，然而上举那些，不能不影响对人民的教育，谈中国教育史，应当提到他们。”[1]

“人民性”一词，毛泽东不多用，但在这里用了。“人民性”的含义，同《新民主主义论》中用的“民主性”（吸收中国古代文化的“民主性的精华”），大致是一个意思。

《红楼梦》作为“民主文学”,它的“人民性”或“民主性”，表现在哪里呢？人们对此作过许多讨论。毛泽东说得很有分寸：“不满意封建制度。”仅此而已，没有夸大和拔高。不满意封建制度的什么？方面很多，人们也有详细的论列。毛泽东着重的是作者、书中人物不满意封建制度对人的摧残；是作者、书中人物对封建家庭中被迫害、被侮辱和被毁灭的人们的同情；是作者、书中人物对妇女的尊重；是作者、书中人物在黑暗和丑恶中对光明和美好的向往与追求。

毛泽东把《红楼梦》和《金瓶梅》加以比较。他说：“《金瓶梅》是《红楼梦》的祖宗，没有《金瓶梅》就写不出《红楼

---

〔1〕《毛泽东文集》第 7 卷，人民出版社 1999 年 6 月版，第 398 页。

梦》。但是,《金瓶梅》的作者，不尊重女性,《红楼梦》《聊斋志异》是尊重女性的。”[1]这对于理解《红楼梦》之成为“民主文学”是很重要的。他还说过：“有些小说如《官场现形记》,是光写黑暗的，鲁迅称之为谴责小说。只揭露黑暗，人们不喜欢看,不如《红楼梦》《西游记》使人爱看。《金瓶梅》没有传开，不只是因为它的淫秽，主要是它只暴露黑暗，只写，虽然写得不错,但人们不爱看。《红楼梦》就不同,写得有点希望么。”[2]

把《红楼梦》当历史读的又一个意思,是要通过《红楼梦》所描写的四大家族的衰败，来了解整个封建统治阶级的衰败。

把点明金陵四大家族（贾、王、薛、史）“一损俱损，一荣俱荣”的第四回，以及第二回“冷子兴演说荣国府”，作为《红楼梦》全书的总纲，发前人之所未发，是卓有见地的。“脂戚本”第四回总批有一首七绝，头两句是：“请君着眼护官符，把笔悲伤说世途。”这也是有识之语，但还没有用它来总括全书。在毛泽东看来,《红楼梦》全书，也就是一部四大家族衰败史。在四大家族中,《红楼梦》其实只写了一个家族——贾府。从一家看四家，从四家看代表整个封建统治阶级的百千个

〔1〕《谈〈红楼梦〉》(1959—1973年)。见《毛泽东文艺论集》，中央文献出版社2002年4月版，第206—207页。

〔2〕同上书，第207—208页。

“大族名宦之家”。清代二知道人在《红楼梦说梦》一书里说得好：“太史公纪三十世家，曹雪芹只纪一世家。……然雪芹纪一世家，能包括百千世家。”[1]从贾府的衰落，可以看到封建社会灭亡的必然。

贾府衰败的原因，冷子兴作了评论。毛泽东有一次提到这一点。他说：《红楼梦》第二回上，冷子兴讲贾府“安富尊荣者尽多，运筹谋划者无一”，讲得太过。探春也当过家，不过她是代理。但是贾府也就是那么垮下来的。[2]冷子兴还说过，贾府这个大家族“今日的儿孙竟是一代不如一代了”。这就是说，一个家族垮下来，首先在于这个家族的人垮了下来。安富尊荣养成一代又一代无用的膏粱纨绔。贾府的爷们，哪个不是如此！惟一一个有思想、有才华、有个性的，却是这个家庭和这个制度的逆子——贾宝玉。这样的家族，这样的阶级，还能有什么前途呢？

曹雪芹笔下的贾宝玉是封建家族的逆子，并不说明曹雪芹主观上要反对封建制度。毛泽东说：“曹雪芹写《红楼梦》还是想补天，想补封建制度的天，但是《红楼梦》里写的却是封建家族的衰落，可以说是曹雪芹的世界观和他的创作发

---

〔1〕一粟编：《古典文学研究资料汇编·红楼梦卷》第3卷，第102页。
〔2〕毛泽东在杭州会议上的讲话（1963年5月）。

生矛盾。”〔1〕这个分析，很容易让我们想起恩格斯评论巴尔扎克的话："他就看出了他所心爱的贵族的必然衰落而描写了他们不配有更好的命运……这一切我认为是现实主义最伟大的胜利之一。”〔2〕

把《红楼梦》当历史读，还有一个意思，是要通过《红楼梦》来形象地了解中国封建社会的生活。

早在一九三八年，毛泽东在延安鲁迅艺术学院的一次演讲中就指出：《红楼梦》这部书，现在许多人鄙视它，不愿提到它，其实《红楼梦》是一部很好的小说，特别是它有极丰富的社会史料。〔3〕一九六一年在同刘少奇等同志的一次谈话中，刘少奇说：《红楼梦》讲到很细致的封建社会情况。毛泽东也说：《红楼梦》“写的是很细致的、很精细的社会历史”。〔4〕一九六五年，毛泽东对他的表侄孙女说：你要不读一点《红楼梦》，你怎么知道什么叫封建社会？〔5〕

---

〔1〕《关于人的认识问题》(1964年8月24日)。见《毛泽东文集》第8卷，人民出版社1999年6月版，第393页。
〔2〕《恩格斯致玛·哈克奈斯》(1888年4月初)。见《马克思恩格斯选集》第4卷，人民出版社1995年6月版，第684页。
〔3〕《在鲁迅艺术学院的讲话》(1938年4月28日)。见《毛泽东文集》第2卷，人民出版社1993年12月版，第124—125页。
〔4〕《谈〈红楼梦〉》(1959—1973年)。见《毛泽东文艺论集》，中央文献出版社2002年4月版，第206页。
〔5〕毛泽东与王海容的谈话(1965年)。

要了解中国封建社会，当然要读理论书，这些书可以帮助我们从政治、经济、文化各方面对封建社会作科学的分析；当然要读历史书，这些书可以帮助我们了解封建社会的许多历史事实。但是，读这些都还不够。还要读《红楼梦》这类描写封建社会生活面貌的文艺作品，这样才能使我们对封建社会得到许多细致的生动的形象的了解，而这些，从理论书和历史书中是不容易得到的。

关于封建社会的生活，毛泽东首先着眼的是阶级斗争。《红楼梦》反映封建社会的阶级斗争，有它的局限性。它没有直接描写农民和他们的斗争。它主要写了封建大家族的内部及其周围的社会生活中的各种不同性质和情况的阶级斗争。毛泽东要人们注意对贾府的人口作阶级的分析。三十多个主子，三百多个奴隶，他们之间既有鲜明的阶级分野，又处在极其复杂交错的人际关系之中。毛泽东要人们注意对书中令人瞩目的几十桩人命案件作阶级分析，这些人命案件也有不同的性质和情况，但都暴露了封建统治的残忍和罪恶。简单地贴阶级标签是不能深入历史的，但分析历史、分析《红楼梦》描写的人物和事件的钥匙，的确是阶级分析。离开这个钥匙，离开历史唯物主义，的确不可能分析清楚。

同时，毛泽东注意的，也不只是阶级斗争。比如：

他注意到了《红楼梦》里反映出来的中国封建社会土地买

卖的问题。他说过：我国很早以前就有土地买卖。"《红楼梦》里有这样的话：'陋室空堂，当年笏满床。衰草枯杨，曾为歌舞场。蛛丝儿结满雕梁，绿纱今又在蓬窗上。'这段话说明了在封建社会里，社会关系的兴衰变化，家庭的瓦解和崩溃。"〔1〕

他注意到了《红楼梦》里反映出来的中国封建家长制的动摇。他说过：我国家长制度的不能巩固是早已开始了。"《红楼梦》中就可以看出家长制度是在不断分裂中。贾琏是贾赦的儿子，不听贾赦的话。王夫人把凤姐笼络过去，可是凤姐想各种办法来积攒自己的私房。荣国府的最高家长是贾母，可是贾赦、贾政各人又有各人的打算。"〔2〕

总之，把《红楼梦》当历史读，这是读小说的一个重要的视角，一个高明的视角。马克思主义者读《红楼梦》这样的小说，尤其不能忽视这个视角。恩格斯就是这样读小说的。他说过，巴尔扎克"在《人间喜剧》里给我们提供了一部法国'社会'，特别是巴黎'上流社会'的卓越的现实主义历史，他用编年史的方式几乎逐年地把上升的资产阶级在一八一六年至一八四八年这一时期对贵族社会日甚一日的冲击描写出来，……围绕着

〔1〕《谈〈红楼梦〉》（1959—1973年）。见《毛泽东文艺论集》，中央文献出版社2002年4月版，第205页。

〔2〕同上书，第206页。

这幅中心图画，他汇集了法国社会的全部历史，我从这里，甚至在经济细节方面（诸如革命以后动产和不动产的重新分配）所学到的东西，也要比从当时所有职业的历史学家、经济学家和统计学家那里学到的全部东西还要多”。[1]列宁也是这样读小说的，他说过："托尔斯泰是俄国革命的镜子。"[2]这不就是把巴尔扎克、托尔斯泰的小说当作历史读吗？

但是，我们也不要把这个重要的视角当作唯一的视角，而排斥其他。比如，艺术的视角、人物塑造和语言运用的视角，以至于版本的沿革、作者及其身世的考证、同外国作品的比较等等，也都是阅读《红楼梦》、特别是研究《红楼梦》必不可少的视角。在各自的视角里，都可以有所发现，作出有价值的研究。各种视角的综合，才能对《红楼梦》作出全面的研究。

这里还要提到，毛泽东自己，也不是只限于历史这一个视角。他对《红楼梦》中人物的塑造和语言的运用也很欣赏。他多次谈到凤姐这个人物写得好。他在文章和谈话中经常引用《红楼梦》中的故事和语言，并同我们的现实生活联系起来。例如，在“三反”的时候，用“贾政做官”的故事，来教育共

---

〔1〕《恩格斯致玛·哈克奈斯》（1888 年 4 月初）。见《马克思恩格斯选集》第 4 卷，人民出版社 1995 年 6 月版，第 683—684 页。

〔2〕《列夫·托尔斯泰是俄国革命的镜子》。见《列宁全集》第 17 卷，人民出版社 1988 年 10 月第 2 版，第 181 页。

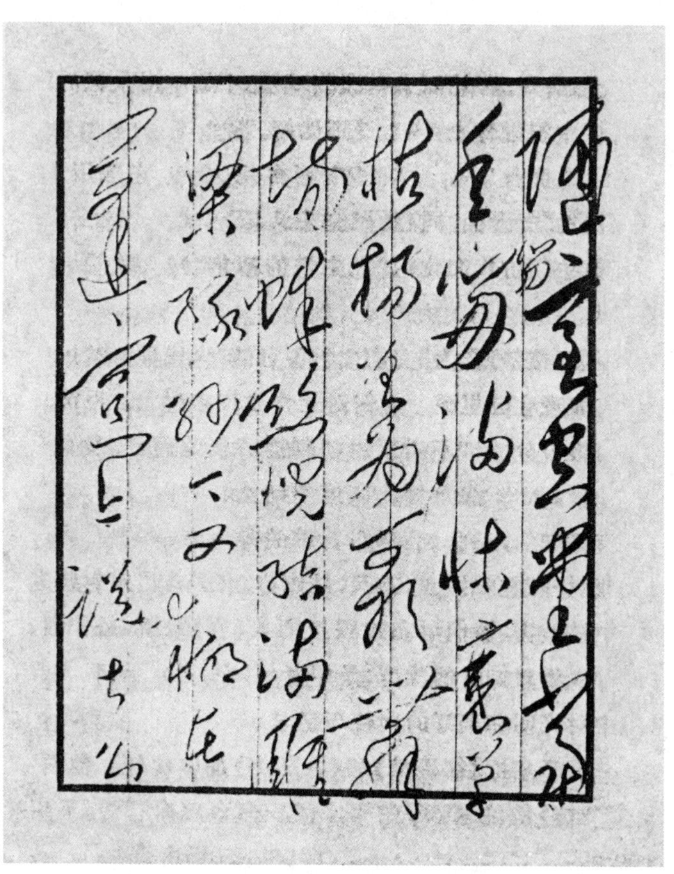

毛泽东手书曹雪芹《红楼梦》第一回“好了歌”注

产党员干部警惕受人包围；在一九五七年三月一日最高国务会议的结束语中，用王熙凤对刘姥姥说的“大有大的难处”来说明大国的事情也并不那么好办；在一九五七年的宣传工作会议上，用王熙凤说过的“舍得一身剐，敢把皇帝拉下马”来鼓励立志改革的志士仁人；在访苏的时候，用林黛玉说的“不是东风压倒西风，就是西风压倒东风”来比喻国际形势；在一九五八年召开的成都会议上，用小红说的“千里搭长棚，没有不散的筵席”来说明聚散的辩证法和“没有一件事情不是相互转化的”。毛泽东要求理论文章、政治演说也要注意创造“新鲜活泼的、为中国老百姓所喜闻乐见的中国作风和中国气派”，而引用中国文学作品中的人物、故事、语言是途径之一。《红楼梦》大概是毛泽东最常引用的。这也是毛泽东读《红楼梦》的一个特点。

## 对“红学”作历史的评价

毛泽东在北戴河的谈话谈到新旧“红学”，虽然语焉不详，但为对“红学”的发展作出历史的评价，勾画了一个轮廓。

“红学”研究大体分为三个阶段：“旧红学”；由胡适、俞平伯在二十年代开创的“新红学”；建国以后用马克思主义研究《红楼梦》的“新红学”。“红学”从何时算起？也许可以说，从有《红楼梦》，就开始有“红学”，脂砚斋是第一个“红学家”，虽然由于他和曹雪芹关系亲近，读到过曹雪芹在不断增删中的草稿（包括后来散佚的那部分稿子），并且预闻了《红楼梦》的创作，“脂评”本身已经成为“红学”研究的对象。以后还有许多评点派的红学家，这里就不去说它了。蔡元培是新文化的一名先驱，作为红学家，却是“旧红学”的最后一名代表。蔡元培属于“索隐派”。“索隐派”用小说中的人物去附会历史上实有的人物。比如说，“金陵十二钗”写的是明末清初江南的十二个名士（都是男的！）。这是荒唐的。毛泽东说“蔡元培对《红楼梦》的观点是不对的”，就是指“索隐派”而言。胡适批评“旧红学”，建立“新红学”。毛泽东说：“胡适的看法比较对一点。”这是对以胡适、俞平伯为代表的“新红学”的历史作用的积极评价。“新红学”的研究工作主要在三方面：《红楼梦》作者的考证；《红楼梦》版本的考证；对《红楼梦》思想和艺术的评论。前两方面的工作有开拓性的意义，至今还在延展之中。“新红学”对《红楼梦》的思想和艺术的评论有两个著名论点，一曰《红楼梦》是作者曹雪芹的自传，一曰《红楼梦》的风格是怨而不怒。这里面有合理的因素，也有许多可批评的东西。

一九五四年，山东大学《文史哲》月刊第九期发表了李希凡、蓝翎的文章《关于〈红楼梦简论〉及其他》。不久，在十月十日

《光明日报》上又发表了他们的《评〈红楼梦研究〉》。两文都是批评俞平伯对《红楼梦》的思想和艺术的评论。毛泽东详细阅读了这两篇文章，杠杠、圈圈画满了全篇，还写了一些批注。他在批语中称《关于〈红楼梦简论〉及其他》是“很成熟的文章”，在李希凡、蓝翎的名字下批注道：“青年团员，一个二十二岁，一个廿六岁”；在文章的四五处毛泽东也画了问号。在《评〈红楼梦研究〉》一文中，作者谈到了贾府衰败的原因：“这样的豪华享受，单依靠向农民索取地租已不能维持，惟一的出路只有大量的借高利贷，因而它的经济基础必然要走向崩溃。”毛泽东批注：“这一点讲得有缺点。”一九五四年十月十六日，毛泽东给中央政治局同志和其他有关同志写了一封信，即大家都知道的那封引起轩然大波的《关于〈红楼梦〉研究问题的信》。由于这封信，在文艺界、学术界开展了对俞平伯的《红楼梦》研究的批评，并发展到对胡适的政治、学术和哲学观点的全面批判。

平心而论，李希凡、蓝翎的文章提出了一个用马克思主义历史唯物主义观点研究《红楼梦》和评价以往的“红学”研究的新问题、新任务。如果说，“红学”史上的第一次飞跃，是二十年代以胡适、俞平伯为代表的考证派“新红学”的建立；那么，“红学”史上的第二次飞跃，应该说是五十年代以李、蓝为开端的用马克思主义历史唯物主义观点来研究《红楼梦》的“新红学”的建立。

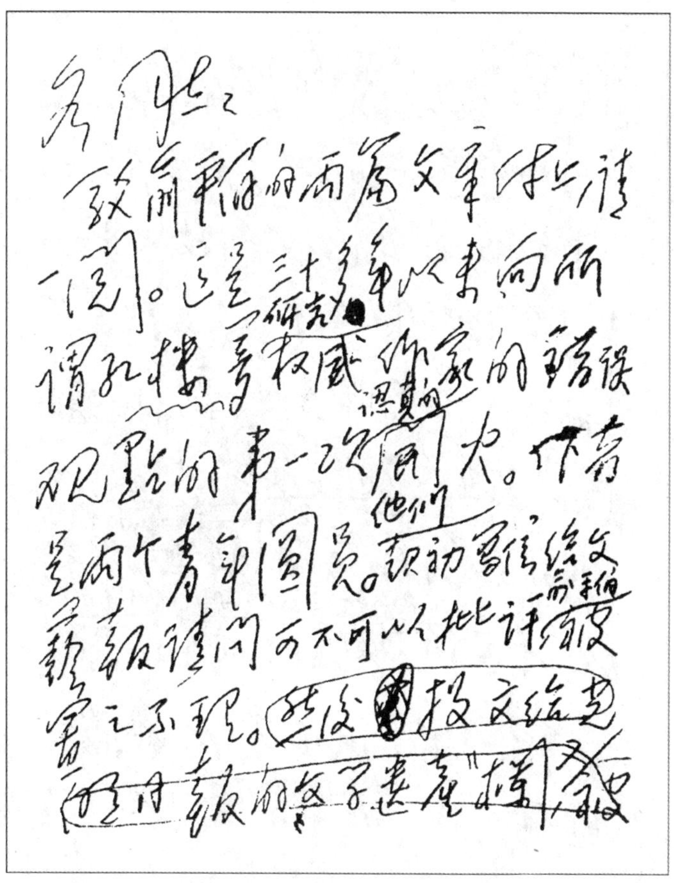
各同志：
驳俞平伯的两篇文章付上，请一阅。这是三十多年以来向所谓红楼梦研究权威作家的错误观点的第一次认真的开火。作者是两个青年团员。他们起初写信给文艺报，请问可不可以批评俞平伯，被置之不理。

毛泽东《关于〈红楼梦〉研究问题的信》（1954 年 10 月 16 日）

拒绝登载。他们不得已写信给他们的母校——山东大学的老师，获得了支持，并在该校刊物《文史哲》上登出了他们的文章驳《红楼梦简论》。问题又回到北京，有人要求将此文在《人民日报》上转载，以期引起争论，展开批评，又被某些人以种种理由（主要是"小人物的文章"，"党报不是自由辩论的场所"）给以反对，不能实现；结果成立妥协，被允许在《文艺报》转载此文。

③

嗣后，光明日报的文学遗产栏又发表了这两个青年的驳俞平伯红楼梦研究一书的文章。看样子，这个反对在古典文学领域毒害青年三十余年的胡适派资产阶级唯心论的斗争，也许可以开展起来了。事情是两个“小人物”做起来的，而“大人物”往往不注意，并往往加以拦阻，他们同

4

资产阶级作家在唯心论方面讲统一战线，甘心作资产阶级的俘虏，这同影片“清宫秘史”和“武训传”放映时候的情形几乎是相同的。被人称为爱国主义影片而实际是卖国主义影片的“清宫秘史”，在全国放映之后，至今没有被批判。“武训传”虽然批判了，却至今没有引出教训，又出现了容

5

忍俞平伯唯心论和阻拦"小人物"的很有生气的批判文章的奇怪事情，这是值得我们注意的。

毛泽东

一九五四年十月十六日

俞平伯这一类资产阶级知识分子，当然是应当对他们采取团结态度的，但应当批判他们的毒害青年的错误思想，不应当对他们投降。

但是，学术批评搞成了政治运动，声势压人代替了说理论争。这就不利于对以前的“红学”作全面的、有分析的历史评价。这个历史教训是需要认真汲取的。

应当指出，一九五六年五月二十六日陆定一在中南海怀仁堂作报告，代表中共中央向知识界宣布“百花齐放，百家争鸣”的方针。在这个报告中，陆定一特别讲到两年前对俞平伯《红楼梦》研究的批评。他说：“俞平伯先生，他政治上是好人”，对他的批评是有错误和缺点的，“当时确有一些批判俞先生的文章是写得好的。但是有一些文章则写得差一些，缺乏充分的说服力量，语调也过分激烈了一些。至于有人说他把古籍垄断起来，则是并无根据的说法。这种情况，我要在这里解释清楚”。[1]这是代表中共中央作了自我批评。这一历史事实，也许还不为一些青年朋友所知晓。

一九八六年十一月，中国社会科学院文学研究所召开了庆贺俞平伯从事学术活动六十五周年会议。中国社会科学院院长胡绳在会上讲话。他说：“早在二十年代初，俞平伯先生已开始对《红楼梦》进行研究，他在这个领域里的研究具有开拓性的意义。对于他研究的方法和观点，其他研究者提出不同的意

---

〔1〕陆定一：《百花齐放，百家争鸣》（1956 年 5 月 26 日）。见 1956 年 6 月 13 日《人民日报》。

见或批评本来是正常的事情。但是一九五四年下半年因《红楼梦》研究而对他进行政治性的围攻，是不正确的。这种做法不符合党对学术艺术所应采取的'双百方针'。《红楼梦》有多大程度的传记性的成分，怎样估价高鹗续写的后四十回，怎样对《红楼梦》作艺术评价，这些都是学术领域内的问题。这类问题只能由学术界自由讨论。"[1]

应该说，三十二年前的那场批判的是非，已经有了明确的历史结论。

毛泽东北戴河谈话中谈到的其他几个红学家，这里作一点简单介绍。

吴世昌，是当时刚从英国回国不久的一位红学家。他的研究主要也在版本和作者的考证方面，但在这方面的许多具体问题上，他同胡适的观点有尖锐分歧。

王昆仑，是著名的政治活动家。他的《红楼梦人物论》一书，脍炙人口，所以他同时又成为引人注目的红学家。他的这部人物论，写在全国解放以前，这时重新修订，逐篇在《光明日报》上登载，显然已引起了毛泽东的注意和兴趣。

何其芳，当时是文学研究所所长，他为人民文学出版社出版的新版《红楼梦》写了一篇长序，是用马克思主义观点研究

---

〔1〕《胡绳全书》第3卷（下），人民出版社1998年4月版，第724页。

《红楼梦》的一篇力作。他在许多问题上与李希凡的观点有分歧。这说明马克思主义的研究者之间，在学术问题上也要进行百家争鸣。

毛泽东在这次谈话中，把所有这些红学家，从胡适到何其芳，都称为新红学家，对他们的“红学”研究给予不同程度的积极评价。当然在他看来，从马克思主义的阶级斗争的观点来研究《红楼梦》的工作，还做得不够，所以许多问题还没有搞清楚。他积极提出自己对《红楼梦》的基本观点，这也不妨看作以一家之言参加百家争鸣。只有在百家争鸣的民主的和谐的气氛中，以马克思主义为指导来研究《红楼梦》，而又容纳各种层次和各个方面的研究，允许和鼓励各种不同观点之间的平等批评和自由讨论，才能促进“新红学”的健康发展。

“文化大革命”后期，曾经掀起了一个所谓的“评红”的热潮。这期间传出了毛泽东对《红楼梦》的若干说法，如说《红楼梦》不是爱情小说，而是政治小说，写爱情是为了掩盖政治。这显然是偏颇之论，并且被一些别有用心的人利用了。那是“红学”研究在一个不正常的政治环境下出现的不正常现象，这里就不予介绍和评论了。

# 毛泽东读报章杂志

逄先知

毛泽东有时把读报看得比读书更重要，更紧迫。“一天不读报是缺点，三天不读报是错误。”这是从延安时期流传下来的毛泽东的一句名言。毛泽东如此重视读报，我自己是有亲身体会的。大概是一九五一年，有几次因为没有把当天收到的报纸及时送阅，毛泽东不高兴了，说：“我是要看新闻，不是要看旧闻。”这个尖锐的批评一直印在我的脑子里，鞭策着我后来的工作。

毛泽东从青少年时代就养成读报纸杂志的习惯。他曾经是梁启超主编的《新民丛报》，同盟会主办的《民主报》《民报》的热心读者，后来更是陈独秀主编的《新青年》的热心读者。这些报刊给毛泽东以深刻的影响，尤其是《新青年》，对毛泽东的思想转变起了重要的推动作用。

在革命战争年代，特别是井冈山时期，因受敌人严密封锁，读报十分困难。在战争中要打胜仗，就要知己知彼，读报纸则是了解敌情的一个重要渠道。那时毛泽东常常为看不到报纸而焦急、苦恼。一九二八年，有一次他专门派出一个营去打谭延闾的家乡茶陵县的高陇，搜罗了一批报纸上山，战斗中还牺牲了一些干部和战士。一九二九年，下井冈山到了赣南闽西，可以看到报纸了，情况大为改善。毛泽东为此而高兴的心情，可以从当时红四军前委给中央的一个报告中反映出来。报告说："在湘赣边界时，因敌人的封锁，曾二三个月看不到报纸，去年九月以后可以到吉安、长沙买报了，然亦得到很难。到赣南闽西以来，邮路极便，天天可以看到南京、上海、福州、厦门、漳州、南昌、赣州的报纸，到瑞金且可看到何键的机关报长沙《民国日报》，真是拨云雾见青天，快乐真不可名状。"有时毛泽东还把读到的报纸新闻及时地摘报中央。一九三二年四月二十日，毛泽东率红军占领了漳州，五月三日即将四月二十六日以前上海、香港、汕头等地的报纸新闻，摘要电告苏区中央局、临时中央政府和中革军委。摘报的内容，从国际形势到国内形势，从中日战事到中苏关系，从国民党内部的分裂情况到国民党对付红军的军事策略，以及打下漳州以后，在国民党内部引起的惊慌和帝国主义蠢蠢欲动的消息，共十六条，写得提纲挈领，简明扼要。〔1〕

如果说，毛泽东在青少年时代嗜读报刊是为了增进知识，

〔1〕《红军第四军前委给中央的信》（1929 年 4 月 5 日）。见《毛泽东文集》第 1 卷，人民出版社 1993 年 12 月版，第 61—62 页。

寻求救国救民的真理；那么，在紧张的战争岁月，以更加迫切的心情如饥似渴地阅读报纸，则是直接为了革命战争的需要。正如他在《中国革命战争的战略问题》中所说的：“为着了解敌人的情况，须从敌人方面的政治、军事、财政和社会舆论等方面搜集材料。”〔1〕

抗日战争时期，延安处于相对稳定的环境，国民党统治区出版的报纸刊物比较容易收集到，毛泽东订阅的报刊多起来了。有一个不完全的统计，四十年代初期，他订阅的报刊，至少有三四十种。〔2〕

延安《解放日报》是根据毛泽东的提议，将《新中华报》《今日新闻》合并出版的。这份党中央的机关报一直是在毛泽东的关怀和指导下成长起来的。毛泽东不仅亲自为它撰写社论，

---

〔1〕《毛泽东选集》第1卷，人民出版社1991年6月第2版，第201页。

〔2〕根据当时为毛泽东管理图书的史敬棠回忆，订阅的报纸有《中央日报》《扫荡报》《大公报》《益世报》《新华日报》《新蜀报》《时事新报》《商务日报》《新民日报》《秦风报》《工商日报》《西京日报》《前线日报》《新工商》《大刚报》《新中国日报》《光华日报》《国家社会报》等。刊物有《世界知识》《群众》《经济建设季刊》《人与地》《中农月刊》《财政评论》《四川农情报告》《农业推广通讯》《中国农村》《四川经济季刊》《中国农民》《新闻周报》《文化杂志》《经济论衡》《西南实业通讯》《国论》《新经济》《民主周刊》《文萃》《中苏文化月刊》《国讯》等。1941年3月1日，毛泽东曾致电周恩来董必武，请他们订阅一批报纸书刊，在上述目录中以外的，还有《四川经济参考资料》《贵州经济》《日本对支经济工作》《列强军事实力》《中外经济年报》《中外经济拔萃》。

还直接安排组稿工作。他读到报上的好文章、好新闻，立即通知各报转载，广为传播，有时读到一篇好作品，可以兴奋地一口气读到天亮。

中国的抗日战争是世界反法西斯战争的重要组成部分，没有世界战争的全局在胸，要指导抗日战争取得胜利，是不可能的。毛泽东在阅读国内报刊的同时，还天天阅读专门刊登外国电讯的《参考消息》(后改名《今日新闻》)，有重要新闻随时批给其他中央同志和有关同志传阅。现在还完整地保存着一批毛泽东的珍贵的手稿，是他在一九四二年十一月至一九四三年一月间，为研究国际问题而专门摘录的外国电讯稿，按十六个国家分类。

全国解放后，毛泽东阅读的报纸杂志数量更多了，范围更宽了，不只是哲学和社会科学的，还有文学的、自然科学的。上至天文，下至地理，以至讲琴棋书画之类的报刊文章，都在他喜爱或涉猎之列。他每年订阅的报刊，包括出版社赠送的，都在百种以上。在一九五六年他开始考虑适当摆脱一些政务、用更多的时间研究理论问题后，从一九五八年起，我们又给他增订了全国各主要高等院校出版的综合性的学报或社会科学方面的学报。

毛泽东阅读报刊也是有所侧重的。每天必读的报纸有《光明日报》、《人民日报》、《文汇报》、《大公报》、《解放军报》、《工人日报》、《中国青年报》、上海《解放日报》、《天津日报》等。经常看的杂志主要有《哲学研究》《历史研究》《新建设》《文史哲》《经济研究》《红旗》《学术月刊》《文艺报》《诗刊》《文物》《科学画报》《大众科学》以及《自然辩证法研究通讯》《现代佛学》等，有时还翻阅中国科学院出版的某些刊物。他最喜欢读的是有关哲学、历史、中国古典文学的文章，所以对《光明日报》的“文学遗产”“哲学”“史学”等专栏特别有兴趣；而对《人民日报》在一个时期比较缺少理论文章和学术文章提出过意见。一九六四年，他说过：“《人民日报》要注意发表学术性文章，发表历史、哲学和其他的学术文章。”〔1〕又说：“《人民日报》要搞理论工作，不能只搞政治。《人民日报》最近组织一些学术讨论，这样做好。”〔2〕后来《人民日报》加强了理论方面的内容，得到毛泽东的称赞，他说：“现在，《人民日报》有看头了，理论上加强了，也有一些有意思的东西。”〔3〕

毛泽东对报刊上有争论的问题尤为关注。有时为了研究一个问题，还召集有关专家和人员共聚一堂，进行自由的、无拘束的交谈和讨论。

---

〔1〕《毛泽东新闻工作文选》，新华出版社 1983 年 12 月版，第 217—218 页。
〔2〕同上。
〔3〕同上。

从一九五五年起，我国学术界对形式逻辑与辩证法问题在报刊上展开了讨论，一九五六年达到高潮，这个讨论引起毛泽东浓厚兴趣。有关这方面的情况，前面的文章已有叙述，这里不再多说。

从一九五八年以来，我国哲学界在报刊上开展了关于矛盾的同一性与斗争性、思维与存在有没有统一性的问题的讨论。[1]凡属这方面的重要文章，毛泽东几乎都要看的。一九五八年六月二十四日他曾邀集一些同志谈论发表在一九五六年第二期《哲学研究》的《对“矛盾的统一性”的一点意见》一文，该文对苏联《简明哲学辞典》关于同一性的解释[2]提出不同意见。一九六〇年十一月十二日，毛泽东看到当天《人民日报》登载的一篇关于矛盾的同一性和斗争性的讨论的综合介绍，当即要我们把文中提到的分别刊登在《新建设》《光明日报》《学术月刊》、《文汇报》上的几篇不同观点的文章全部找给他。

对苏联哲学界讨论社会主义社会的矛盾问题的文章，毛泽东也很注意。一九五八年二月一日，他要看这方面的文章，我们收集了一批送给他。当时苏联有一位哲学家写信给毛泽东，

---

〔1〕应当指出，思维与存在有没有统一性的讨论，后来引到政治问题上去整持有不同观点的人，这是错误的。

〔2〕苏联《简明哲学辞典》说，不能把“像战争与和平、资产阶级和无产阶级、生和死等等现象”认为是同一的。

并寄来他的一篇关于社会主义社会矛盾的文章，毛泽东对这篇文章很重视。

同阅读书籍一样，毛泽东阅读报刊也常常写一些批注，发表自己的见解，有的还批给别人看。例如，一九五九年十二月二十七日，《光明日报》“文学遗产”专栏里发表了《如何评价〈文赋〉》一文。作者对陆机《文赋》的价值和在文学批评史上的进步意义，作了比较充分的肯定，不同意相反的观点。毛泽东将此文批给一些同志看，并说这是“一篇好文章”。

毛泽东还注意根据报刊文章中的合理意见，纠正工作中的缺点和错误。一九五八年全国掀起了除四害（老鼠、麻雀、苍蝇、蚊子）运动。对于应不应该消灭麻雀，科学界有不同的意见。有的赞成，认为利大于弊；有的不赞成，认为弊大于利；有的认为利弊相当。在刊物上展开了对这个问题的讨论，各抒己见。毛泽东要我们把各种不同观点的文章收集起来送给他。我们还整理了一个简单材料附上。毛泽东仔细看了这些材料。一九六〇年三月十八日，他在为中共中央起草的关于卫生工作的指示中改变了消灭麻雀的决定，提出：“麻雀不要打了，代之臭虫，口号是‘除掉老鼠、臭虫、苍蝇、蚊子’。”〔1〕接着，三月二十四日他在天津会议上重申了这个改变，说：这两年麻

〔1〕《毛泽东文集》第8卷，人民出版社1999年6月版，第150页。

雀遭殃，现在我提议给麻雀恢复“党籍”。科学界的意见，对毛泽东作出这个决定，起了重要作用。

在学术上，毛泽东比较注意鼓励不同意见的自由争论和自由讨论，认为这是发展科学的必由之路。即使有人对毛泽东的著作提出不同的观点，他也同样认为应当允许自由谈论，不应当去禁止。一九五六年，来中国讲学的一位苏联学者向中国陪同人员谈了他对毛泽东《新民主主义论》中关于孙中山世界观的论点的不同意见。有同志认为这“有损于我党负责同志威信”。此事反映到毛泽东那里，他立即写信给刘少奇、周恩来等说：“我认为这种自由谈论，不应当去禁止。这是对学术思想的不同意见，什么人都可以谈论，无所谓损害威信。”“如果国内对此类学术问题和任何领导人有不同意见，也不应加以禁止。如果企图禁止，那是完全错误的。”〔1〕一九六五年，高二适写了一篇与郭沫若争鸣的文章《〈兰亭序〉的真伪驳议》，七月十八日，毛泽东为这篇文章的发表问题写信给郭沫若，说：“笔墨官司，有比无好。”〔2〕几天之后，高二适的文章在《光明日报》上发表了。

毛泽东把报刊作为了解国内情况和学术理论动态的重要渠

〔1〕《毛泽东书信选集》，中央文献出版社 2003 年 11 月版，第 471 页。
〔2〕 同上书，第 564 页。

道，同时也通过报刊了解国际情况和国际知识。一天几万字的《参考资料》是他每日必看的重要刊物，像读书一样地圈点批画。毛泽东十分重视这个内部刊物，是他制定国际战略和对外政策的重要参考材料之一。有重要内容的，常常批给别人去看或印发会议。他除了看重要新闻，对《参考资料》刊登的西方资产阶级政治活动家的回忆录，也很有兴趣。他说，这些回忆录里写了许多过去我们不知道的帝国主义国家内部的矛盾和斗争的情况，很值得看看。

毛泽东对国外情况的熟悉，常常使得一些著名外国记者为之惊讶。一九六〇年斯特朗在回忆她一九四六年同毛泽东的那次谈话时说：“他首先问我美国的情况。美国发生的事有许多他知道的比我还详细。这使我惊讶，……他像安排打仗的战略那样仔细地安排知识的占有。……主席对世界大事的知识是十分完备的。”毛泽东对于纷纭复杂的国际形势发展趋势的预见性和观察国际动向的敏锐性，同他认真地、一天也不间断地阅读和研究大量国际问题资料是分不开的。

# 忆毛泽东学英语

林　克

学英语是毛泽东读书生活的一个部分。我于一九五四年秋到毛泽东办公室担任他的国际问题秘书，前后有十二个春秋。在这段时间里，我除了秘书工作外，大部分时间帮助他学习英语。从那以后，二十年过去了，但毛泽东学习英语的生动情景，仍然历历在目。最近我查阅了毛泽东生前阅读过的英文书刊，访问了一些在他身边工作过的同志，并查阅了我当时的笔记，以便使我的回忆和叙述更真切一些。

## "决心学习，至死方休"

毛泽东历来十分重视中国语言和外国语言的学习，并主张把学习本国语言和学习外国语言、学习现代汉语和学习古代汉语结合起来。

新中国成立以后，毛泽东多次提倡干部学习外语。一九五八年一月在《工作方法六十条》（草案）中，他建议在自愿的原则下，中央和省市的负责同志学一种外国文，争取在五年到十年的时间内达到中等程度。一九五九年庐山会议初期，他重申了这一建议。在七十年代，他还提倡六十岁以下的同志要学习英语。

毛泽东在延安时期自学过英语。但是，由于当时严酷的战争环境，他的学习受到很大限制。全国解放以后，有了较好的学习条件和环境，学习英语成为他的一种爱好。

一九五四年，我到他身边工作时，他已年逾花甲。他第一次同我在一起学英语是在同年的十一月，在广州越秀山的游泳池畔。他在游泳后休息时，想读英语，便让我坐在他身边的藤椅上。当时我的心情有些紧张。他问我是什么地方人，多大年纪？当我谈到我的籍贯是江苏，童年生活在保定，“七七”事变后才举家迁到北京时，他便谈到保定有个莲花池，原是为北洋军阀头子曹锟修的花园，进而谈到曹锟用五千银元一张选票的手段收买五百多名“猪仔议员”，贿选总统的丑史。毛泽东神态安详，谈笑自若，使我紧张的心情很快平静下来。

毛泽东那时熟悉的单词和短语还不很多，我们先从阅读英文版《人民中国》、《北京周报》杂志、新华社的英文新闻稿和英文参考的新闻、通讯、时事评论和政论文章入手，以后逐步学习《矛盾论》《实践论》《莫斯科会议宣言》的英译本。

《毛泽东选集》第四卷一九六〇年出版以后，毛泽东特地给我写了一封信，要求阅读这一卷的英译本。他的信是这样写的："林克同志：选集第四卷英译本，请即询问是否已经译好？如已译好，请即索取两本，一本给你，另一本交我，为盼！"一九六〇年的"莫斯科会议声明"发表以后，十二月十七日，他又写了一信，说："莫斯科声明英文译本出版了没有？请你找两本来，我准备和你对读一遍。"

此外，毛泽东还读过一些马列主义经典著作的英译本，如《共产党宣言》《哥达纲领批判》《政治经济学批判》以及一些讨论形式逻辑文章的英译本。

在学习马列主义经典著作英译本时，毛泽东曾经遇到过不少困难。因为这些经典著作英译本的文字比一般政论文章的英文要艰深些，生字也多些。但是，毛泽东不畏困难。一九五九年一月，一位外宾问他学习英文的情况时，他说：在一字一字地学。若问我问题，我勉强答得上几个字。我要订五年计划，再学五年英文，那时可以看点政治、经济、哲学方面的文章。现在学了一半，看书不容易，好像走路一样，到处碰石头，很麻烦。他对我也说过，他"决心学习，至死方休"。他还诙谐地说："我活一天就要学习一天，尽可能多学一点，不然，见马克思的时候怎么办？"

## 带着字典，学习英译政论书籍

毛泽东说话，湖南口音很重，有些英语单词发音不准。他就让我领读，他跟着读。有时，他自己再练习几遍，请我听他的发音是否合乎标准，并让我纠正他发音不准的地方，以便他掌握发音要领。遇有生疏的单词或短语，在我领读、解释字义和解释语法结构之后，他便用削得很尖的铅笔，在单词上注明音标，并在书页空白的地方，用密密麻麻的蝇头小字注明每个单词和短语多种不同的字义。在《共产党宣言》和《矛盾论》英译本上，他从第一页直到最后一页，都作了详细的注；直到晚年，每当他重读一遍时，就补注一次。只是，由于他年事已高，视力减退，已不能用蝇头小字，而是用苍劲的大字作注了。

学英语离不开字典。毛泽东身边经常放着两部字典，一部英汉字典，一部汉英字典，备他经常查阅。每次到外地视察工作时，也都带着字典。考虑到他的工作繁重，为了节省他的时间，对他未学过的单词，我常常事先代他查好字典。但是他往往还要亲自看看字典上的音标和注解。为了学习英语的需要，自一九六一年到一九六四年，他多次要过各种辞典和工具书，如《英华大辞典》（郑易里、曹成修主编）、《汉英字典》（美国出版）、《英汉字典》、《现代汉英辞典》（王云五校订，王学哲编辑，商务印书馆出版）、《中华汉英大辞典》、《综合英汉大辞典》增订本（商务印书馆一九四八年出版）、《汉英分类词汇手册》（北京外国语学院编）、《汉英时事用语词汇》等。对当时收集到的汉英辞典，他都不满意，曾希望能出版一部好的汉英辞典。至今，毛泽东在中南海的住地仍然保存着他生前用过的《世界汉英字典》(盛谷人编,世界书局一九三五年出版)和《英汉四用辞典》(詹文浒主编，世界书局一九三九年出版)等。

为了学习英语的生活用语，毛泽东还阅读过《基础英语》和《中国建设》等。在一九六一年到一九六四年间，他还要人把《初中英语》、《中级英语》课本、《英语学习》杂志、外语学院编的《英语》修订本、北京大学英语系编的《英语教材》和《英语语法》等图书送给他。

毛泽东学习英语的重点，放在阅读政论文章和马列主义经典著作上。因为这些文章和著作的内容，他非常熟悉，学习时，可以把注意力放在句型变化和句子的结构以及英语词类的形式变化上。有些文章和经典著作，他学习过多遍。《矛盾论》的英译本他就先后学习过三遍，并在封皮的内页记下了三次阅读的时间：一九五六年五月十日开始读第一遍；一九五九年十月三十一日开始读第二遍；一九六一年十月九日开始读第三遍。他反复学习的目的，是为了加强记忆和加深理解。他对汉语的起源、语法、修辞都有深刻的了解，常常喜欢把英语同汉语的语法、修辞作比较，或者提出问题进行讨论。他说："我学英语是为了研究语言，用英语同汉语来比较。如果有机会，我还想学点日语。"后来由于他工作实在太忙，学习日语的愿望未能实现。

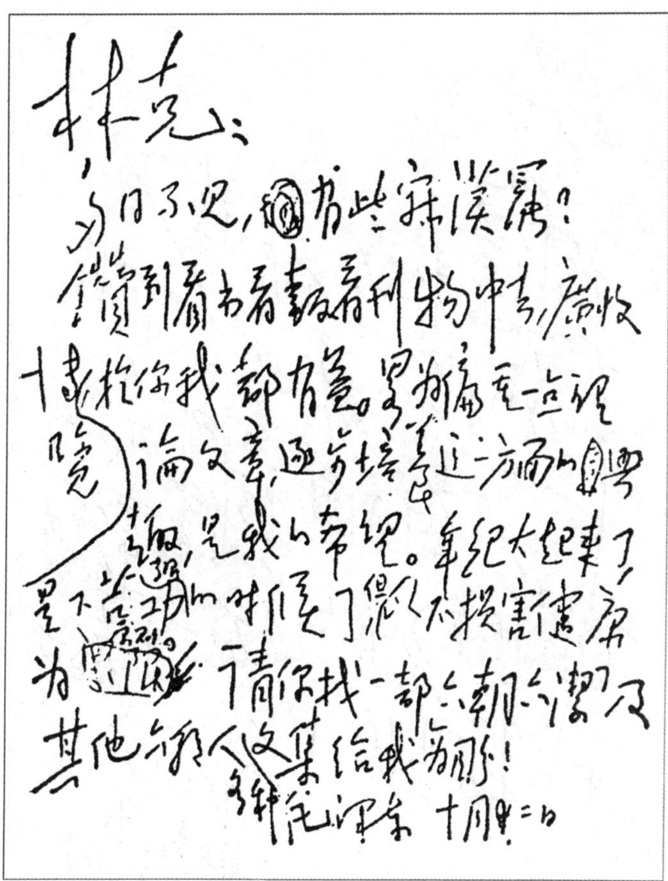

林克：

多日不见，有些寂寞吧？你注意到看书看报看刊物中去，广收情报，于你我都有益。略为偏重一点理论文章，逐步培养这一方面的兴趣，是我的希望。年纪大起来了，是不宜过于劳累的时候了，但以不损害健康为宜。请你找一部六朝人诗及其他六朝人文集给我为盼！

毛泽东 十月二日

毛泽东给林克的信（1957 年 10 月 2 日）

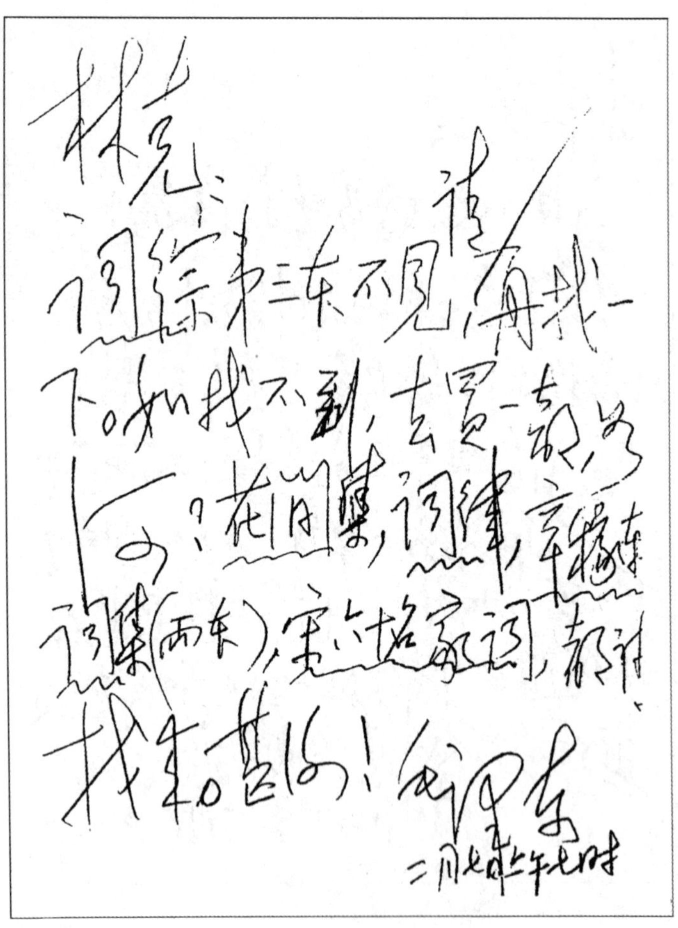

林克：

词综第三本不见，请再找一下。如找不到，去买一部，如何？花间集，词律，辛稼轩词集（两本），宋六十名家词，都请找来。甚盼！毛泽东

二月七日上午七时

毛泽东给林克的信

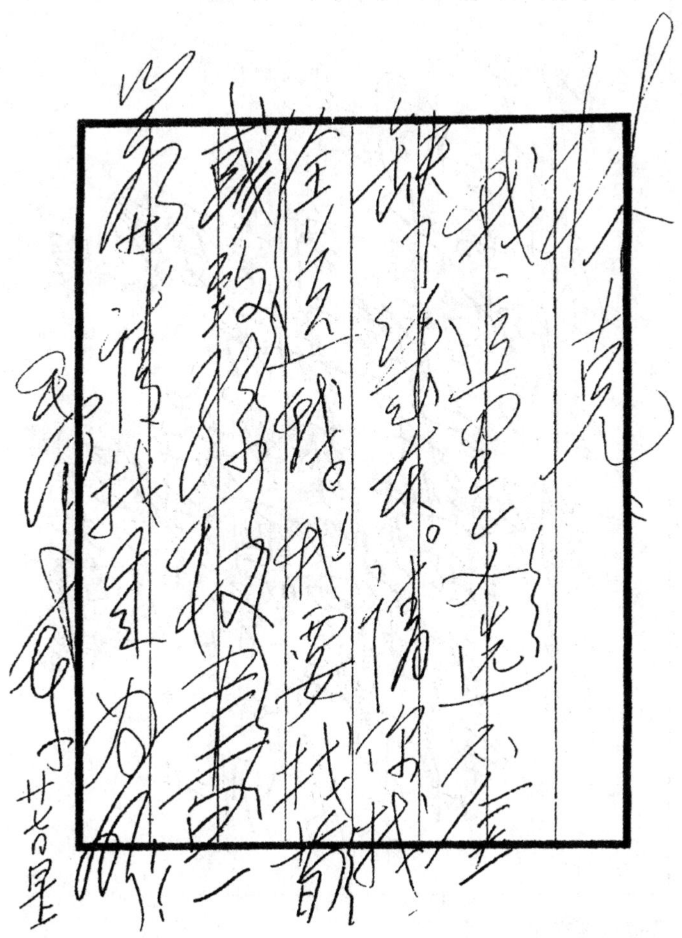

毛泽东给林克的信

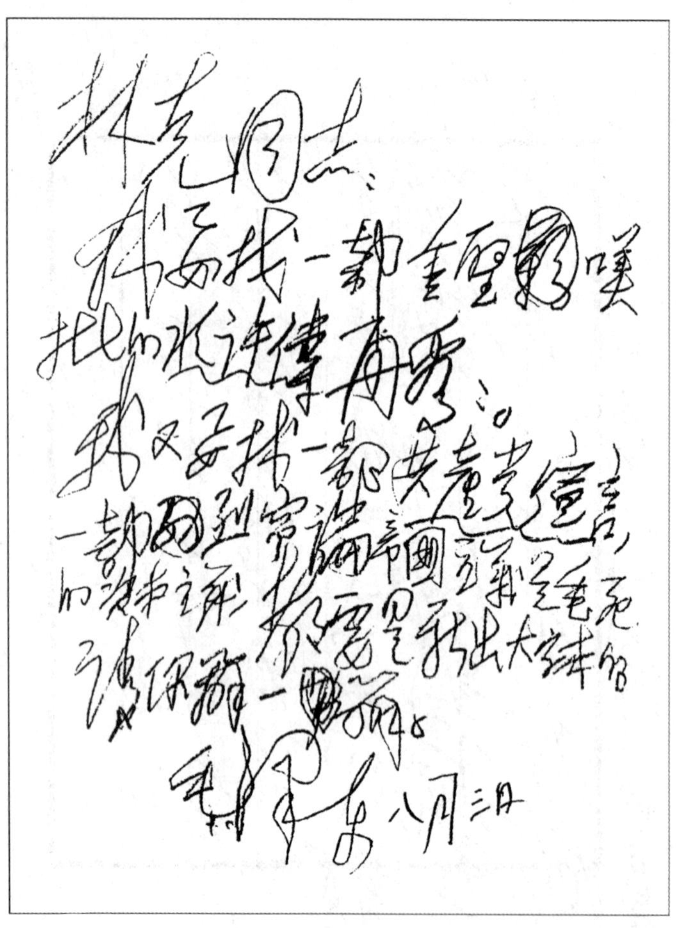

毛泽东给林克的信

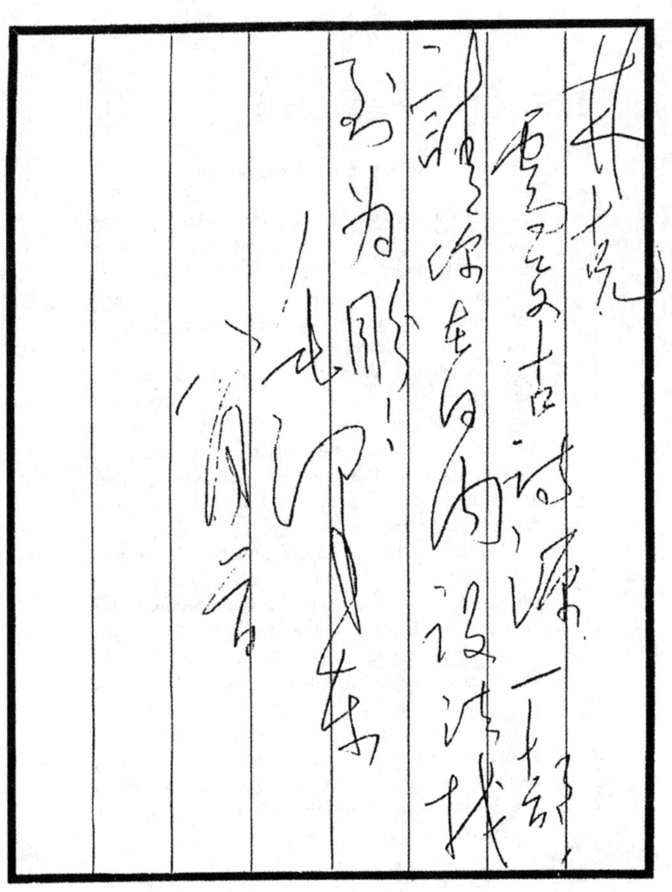

毛泽东给林克的信

BOURGEOIS AND PROLETARIANS

tory. If by chance they are revolutionary, they are so only in view of their impending transfer into the proletariat, they thus defend not their present, but their future interests, they desert their own standpoint to place themselves at that of the proletariat.

The "dangerous class," the social scum, that passively rotting mass thrown off by the lowest layers of old society, may, here and there, be swept into the movement by a proletarian revolution; its conditions of life, however, prepare it far more for the part of a bribed tool of reactionary intrigue.

In the conditions of the proletariat, those of old society at large are already virtually swamped. The proletarian is without property; his relation to his wife and children has no longer anything in common with the bourgeois family relations; modern industrial labour, modern subjection to capital, the same in England as in France, in America as in Germany, has stripped him of every trace of national character. Law, morality, religion, are to him so many bourgeois prejudices, behind which lurk in ambush just as many bourgeois interests.

毛泽东 1956 年学习过的英文版《共产党宣言》中的一页

## 广泛谈论其他问题

在学习英语的过程中，毛泽东很喜欢谈论问题，这些问题涉及面广，远远超过了语言的范围。即使在学习马列主义经典著作的英译本时，他也十分注意密切联系中国的实际，特别是当前的实际。一九五六年七月十六日，他读到英文版《共产党宣言》一八七二年德文版序言中的一段话："这些原理的实际运用，正如《宣言》中所说的，随时随地都要以当时的历史条件为转移"。〔1〕这时，他说，可惜教条主义者不懂得这个道理。《共产党宣言》序言中还有另一段话："关于共产党人对待各种反对党派的态度的论述（第四章）虽然在原则上今天还是正确的，但是就其实际运用来说今天毕竟已经过时，因为政治形势已经完全改变，当时所列举的那些党派大部分已被历史的发展彻底扫除了。"〔2〕读到这里，毛泽东说，以中国的情形来看也是这样，从清朝的康梁保皇派到袁世凯、北洋军阀时期的研究系（后来的政学系）、吴佩孚、曹锟、段祺瑞、张作霖、青海的五马……都被历史的进程扫掉了，惟有民族资产阶级的党派存在下来。

---

〔1〕《共产党宣言》。见《马克思恩格斯选集》第1卷，人民出版社1995年6月版，第248页。

〔2〕《马克思恩格斯选集》第1卷，人民出版社1995年6月版，第249页。

一九五七年二月二十七日，毛泽东发表了《关于正确处理人民内部矛盾的问题》的讲话。一九五七年四月二十四日，他读英文版《矛盾论》时，对人民内部矛盾的理论作了进一步的发挥。他具体分析了农业合作社存在的六大矛盾及其解决办法。他说：第一个矛盾是国家与农业社之间的矛盾，其中包括国家计划与农业社机动性的矛盾，农业税、价格与农业社的矛盾；第二个矛盾是农业合作社与生产队之间的矛盾，农业社管理委员会权力太集中是民主办社的障碍，解决办法是给生产队一些有利于搞好生产的权力，例如，实行三包（包工、包产、包开支）制度，在一定范围内进行农副业生产管理、施行增产措施的权力；第三个矛盾是农业合作社与社员之间的矛盾，解决办法是农业社的积累与社员的收入要有适当的比例；第四个矛盾是穷队与富队之间的矛盾，解决办法是各负盈亏；第五个矛盾是社员与社员之间的矛盾，解决办法是贫农不要占中农和富裕中农的便宜，对他们的意见不要采取粗暴的态度，否则不利于贫农与中农的团结，不利于生产；第六个矛盾是干部与群众之间的矛盾，解决的办法是定期公布财务账目，干部参加生产，遇事及时同群众商量。后来读英语时，毛泽东还谈到，分配制度是关系到五亿农民的大事，如果不解决这个问题，就不能说是一盘棋，甚至半盘棋都谈不到。整社必须解决这个问题，否则整社是整不好的。

毛泽东在学英语时常探讨历史问题。一九五九年三月一日，《光明日报》“文学遗产”专栏刊登了一篇论柳宗元的文章。毛泽东对这篇文章的观点有不同的看法，对我们说：柳宗元是一位唯物主义哲学家，见之于他的《天论》，刘禹锡发展了这种唯物主义；而这篇文章无一语谈到这一大问题，是个缺点。在这之前，毛泽东还谈到翦伯赞关于曹操的一篇文章，说：曹操结束汉末豪族混战的局面，恢复了黄河两岸的广大平原，为后来的西晋统一铺平了道路。他还说：《三国演义》的作者罗贯中不是继承司马迁的传统，而是继承朱熹的传统。南宋时，异族为患，所以朱熹以蜀为正统。明朝时，北部民族经常为患，所以罗贯中也以蜀为正统。同年五月，毛泽东还谈到，他要写一部自辛亥革命到蒋介石登台的大事记。他说，蒋介石集团本身的变化可以不写，但是蒋介石登台后的军阀战争要写进去。孙中山当临时总统、蔡锷反袁世凯、蒋桂之战、蒋冯阎之战等等都要写进去。

毛泽东还谈到他自己写的几首词的主题思想。一九五七年五月二十一日，他在学英语休息时说，《沁园春·雪》这首词是反封建的，“惜秦皇汉武，略输文采；唐宗宋祖，稍逊风骚”，是从一个侧面来批判封建主义制度的，只能这样写，否则就不是写词，而是写历史了。《念奴娇·昆仑》这首词的主题思想是反帝的。《菩萨蛮·黄鹤楼》是描述大革命失败前夕，心潮起伏的苍凉心境。《水调歌头·游泳》这首词是反映社会主义建设的。一九六二年四月二十一日，他还谈到《浪淘沙·北戴河》一词写作的缘由。他说，李煜写的《浪淘沙》都是婉约的，没有豪放的。因此，他以《浪淘沙》的词牌写了一首豪迈的词。

毛泽东在学英语时还经常纵论国际形势。他对国际事务的了解和对世界历史知识的熟悉，使他常从战略高度考虑问题，对未来表现出明晰的预见性。一九五七年十二月十二日，在戴高乐当政之前五个月，毛泽东就非常注意欧洲中立主义的发展。他说，要继续进行观察。一九五八年五月戴高乐当政时，国际大多数舆论认为，欧洲的政局将向右转。但毛泽东明确认为，戴高乐当政有利于欧洲中立主义的发展。后来的历史发展证明了他的论断是正确的。

## 一种特殊的休息

毛泽东学英语，善于利用一切可以利用的时间。他常常说："要让学习占领工作以外的时间。"这里的学习固然是指读书，但也包含积极休息的意思。他利用业余时间学英语，是他的一种特殊的休息。一九五九年一月，他接见巴西外宾时说：学外文好，当作一种消遣，换换脑筋。

毛泽东经常在刚刚起床，在入睡之前，在饭前饭后，在爬山、散步中间休息时，以及游泳之后晒太阳时学英语。一九五九年十一月，他在杭州休息时，游兴很高，接连攀登了南高峰、北高峰、玉皇顶、莫干山等处。在攀登途中，他常常要停下来略作歇息，这时往往坐下来学习英语。在多次攀登北高峰之后，他曾诵诗一首："三上北高峰，杭州一望空。飞凤亭边树，桃花岭上风。热来寻扇子，冷去对佳人。一片飘飖下，欢迎有晚鹰。"〔1〕在攀登莫干山时，他口诵《莫干山》诗一首："翻身复进七人房〔2〕，回首峰峦入莽苍。四十八盘才走过，风驰又已到钱塘。"〔3〕

五十年代和六十年代，是毛泽东学英语兴致最高的时候。他在国内巡视工作期间，无论在火车上、轮船上，随时都挤时间学英语。有时哪怕只有个把小时也要加以利用。一九五七年三月十七日至二十日，他先后在天津、济南、南京和上海的上千人或几千人的干部大会上作报告，讲人民内部矛盾问题。当时的工作很紧张，但在旅行中仍以学习英语为乐趣。一九五八年九月十日至二十一日，他巡视长江流域的湖北、安徽、江苏、上海、浙江等省市，沿途参观工厂、矿山、学校、公社，大部

〔1〕《毛泽东诗词集》，中央文献出版社 2003 年 12 月版，第 171 页。

〔2〕 指汽车。

〔3〕《毛泽东诗词集》，中央文献出版社 2003 年 12 月版，第 173 页。

分行程是乘汽车，每天都要乘车六七个小时，途中十分辛苦，即使如此，学起英语来仍很有精神。

使人难忘的是，即使在飞机上的短暂时间或者出国访问期间，他学习英语的兴致丝毫不减。一九五七年三月十九日十一时至十二时，由徐州飞往南京途中，他书写了元人萨都剌的《徐州怀古》词后，即学英语。三月二十日十三时至十四时，由南京飞往上海途中，他的大部分时间也在学英语；当飞机飞临镇江上空时，他书写了辛弃疾的词《南乡子·登京口北固楼有怀》，并向我解释了这首词的意思和词中的典故。这一年十一月，他到苏联参加莫斯科会议，当时住在克里姆林宫。有时早上天色未明，他就让我同他一起学英语。在会议期间，他的英语学习没有中断过。

毛泽东在长时间的开会、工作或会见外宾之后，也常常以学英语作为一种调节。例如，一九六〇年五月六日至十日，他在郑州连续会见非洲十二国、拉丁美洲八国等四批外宾后，多次以学英语作为休息。同年五月二十七日，他在上海会见蒙哥马利，两人谈得很融洽，休息时又读了一会儿英语。

# 读有字之书，又读无字之书

逄先知

毛泽东重视书本知识，也重视实际知识；既提倡读有字之书，也提倡读无字之书，历来反对死读书，读死书。

一九三八年三月十五日，毛泽东在抗大三大队毕业典礼上，对学员们说："社会是学校，一切在工作中学习。学习的书有两种：有字的讲义是书，社会上的一切也是书——'无字天书'。"〔1〕

读无字的书，即向社会学习，向实际学习，向群众学习。这个思想，在青年时代的毛泽东的头脑里就已经萌生。一九一三年，他在湖南第四师范读书时整理的课堂笔记《讲堂录》中，有这样一段话："闭门求学，其学无用。欲从天下国家万事万物而学之，则汗漫九垓，遍游四宇尚已。"〔2〕一九一七年夏，他邀同学萧子昇，利用暑假，以"游学"方式，游历了

〔1〕《毛泽东年谱（1893—1949）》中卷，中央文献出版社2002年8月版，第55页。

〔2〕《毛泽东早期文稿》，湖南出版社1995年3月第2版，第587页。

湖南长沙、宁乡、益阳、沅江、安乡五县农村，广泛接触社会生活。一九一八年夏，又和蔡和森到湖南益阳、沅江、岳阳、汉寿等县农村进行半个多月的实地考察。一九一九年，他评论戊戌维新时期的湖南思想界，在肯定其进步意义的同时，又指出那时的思想界“很少踏着人生社会的实际说话”。[1]一九二〇年后，当他刚刚成为一个马克思主义者的时候，他所读的马列主义著作，比起他的同代人如蔡和森、邓中夏、恽代英、瞿秋白等是较少的。但是由于他注重实践，注重对中国现实社会的了解，一旦掌握了马克思主义的基本原理，就能够很好地同中国革命的实际结合起来，解决中国革命中的问题。在这个根本点上，他是出类拔萃的。

毛泽东一生中做了大量社会调查，这对于他了解中国的历史和现状，对于他将马克思主义普遍原理同中国革命实际相结合，解决中国革命问题，起了重要的甚至是决定性的作用。在大革命时期，他通过调查研究，对中国社会各阶级的历史和现状作出了科学分析。在井冈山时期，通过农村调查，制定了井冈山土地法。三十年代初，通过寻乌调查，比较系统地了解了城镇商业、地主、富农的情况，提出一些解决富农问题的政策。

〔1〕《健学会之成立及进行》（1919 年 7 月 21 日）。见《毛泽东早期文稿》，湖南出版社 1995 年 3 月第 2 版，第 363 页。

通过兴国调查，得出关于中国农村土地占有情况的基本概念，解决了贫农、雇农的问题。通过一系列农村调查，逐步形成了一套解决农村土地问题的正确政策。他还做了其他方面的一些调查，包括革命根据地的政权、经济、文化教育等。在社会主义建设时期，他的调查研究做得少了，但是为了寻找一条适合中国情况的建设社会主义的道路，他曾用了一个半月的时间，做了一次系统的经济问题调查，写出《论十大关系》。六十年代初，为了纠正工作中的错误，解决经济困难问题，亲自组织调查组，分赴浙江、湖南、广东做农村调查。在这个基础上，于一九六一年三月召开广州会议，主持制定农村人民公社工作条例，为继续扭转困难局面，恢复和发展农业生产，起了重大作用。

在这次广州会议上，毛泽东讲了一段他在作战中间做调查的故事。他说："我的经验历来如此，凡是忧愁没有办法的时候，就去调查研究，一经调查研究，办法就出来了，问题就解决了。打仗也是这样，凡是没有办法的时候，就去调查研究。在第二次反'围剿'的时候，兵少觉得很不好办，开头不了解情况，每天忧愁。我跟彭德怀两个人到白云山上跑了一天，察看地形，看了很多地方。我对彭德怀说，红一军团的四军、三军打正面，打两路，你的三军团全部打包抄，敌人一定会垮下去。如果不

去看呢？就每天忧愁，就不知道如何打法。”〔1〕

毛泽东在总结他做调查研究的经验的时候说：用马克思主义的基本观点，做周密的调查，是了解情况的最基本的方法。只有这样，才能使我们具有对中国社会问题的最基础的知识。又说，他用开调查会的方法得到了很大的益处，“这是比较什么大学还要高明的学校”。〔2〕毛泽东在向社会做调查这个大学校里学到许多无法从书本上得到的知识。

毛泽东重视读无字的书，强调向社会学习，向实际学习，向群众学习，是根基于马克思主义认识论的一个基本思想，即“实践是认识的基础”。

毛泽东说过，他从来没有想到自己去搞军事，要去打仗。后来自己带人打起仗来，上了井冈山。在井冈山先打了一个小胜仗，接着又打了两个大败仗，于是总结经验，总结了十六字打游击的经验：“敌进我退，敌驻我扰，敌疲我打，敌退我追。”〔3〕正如他后来所说的：“读书是学习，使用也是学习，而且是更重要的学习。从战争学习战争——这是我们的主要

---

〔1〕《在广州中央工作会议上的讲话》（1961 年 3 月 23 日）。见《毛泽东文集》第 8 卷，人民出版社 1999 年 6 月版，第 261 页。

〔2〕《〈农村调查〉的序言和跋》（1941 年 3 月、4 月）。见《毛泽东选集》第 3 卷，人民出版社 1991 年 6 月第 2 版，第 790 页。

〔3〕《关于人的认识问题》（1964 年 8 月 24 日）。见《毛泽东文集》第 8 卷，人民出版社 1999 年 6 月版，第 393 页。

方法。”[1]

毛泽东之所以成为伟大的军事家，并不是因为他读了多少兵法书，更不像有人所说的那样，毛泽东指挥打仗是靠《孙子兵法》，靠《三国演义》。据毛泽东说，那时他还没有读过《孙子兵法》。毛泽东所以成为伟大的军事家，最主要的是他有丰富的领导革命战争的实际经验。他是从长期革命战争实践中，逐步认识和掌握人民战争的规律的，并从理论上加以概括。毛泽东的军事名著《中国革命战争的战略问题》是怎样写出来的呢？如果没有他亲身经历的战争中的胜利和失败，不经过第五次反“围剿”的失败，不经过长征，能写出来吗？显然是不可能的。当然，为了系统地总结战争经验，军事理论书籍是不可不读的，他曾说，因为要写《中国革命战争的战略问题》，倒是逼他研究了一下资产阶级的军事学。[2]从一些材料来看，毛泽东比较集中地阅读了一些军事理论书籍，包括《孙子兵法》等，主要是在这个时候。毛泽东的科学著作，不仅是他个人的革命实践经验的总结，更是全党的革命实践经验的总结。他曾说过：一九二一年建党后，经过了十四年，牺牲了多少党员、

〔1〕《中国革命战争的战略问题》（1936 年 12 月）。见《毛泽东文集》第 1 卷，人民出版社 1991 年第 2 版，第 181 页。

〔2〕《在广州中央工作会议上的讲话》（1961 年 3 月 23 日）。见《毛泽东文集》第 8 卷，人民出版社 1999 年 6 月版，第 263 页。

干部，吃了很多苦头，才懂得了如何处理党内关系、党外关系，学会走群众路线。不经过那些斗争，我的那些文章也是写不出来的。[1]

毛泽东在他的许多讲话和谈话中，引证古今中外的历史事实，反复说明一个道理：一个人光有书本知识是不行的，一定要投身到社会生活中去学习实际的知识，这是最丰富最生动的知识。

他常讲《史记》上写的赵括"纸上谈兵"的故事，说明只有书本知识没有实际经验是不行的。战国初期，赵国名将赵奢的儿子赵括，自幼读了不少兵书，谈起兵法，头头是道，连他父亲都难不倒他。但是赵奢认为赵括不能当大将。后来秦国攻赵，赵括接受兵权，打起仗来照搬兵书，结果被秦军围住，赵军四十万全军覆没，赵括自己也被射死。毛泽东还说，刘邦为什么能打败项羽？因为刘邦同贵族出身的项羽不同，比较熟悉社会生活，了解人民心理。屈原如果继续做官，他的文章就没有了。正是因为开除"官籍""下放劳动"，才有可能接近下层社会生活，才有可能产生像《离骚》这样好的文学作品。[2]知

〔1〕《关于第八届中央委员会的选举问题》（1956 年 9 月 10 日）。见《毛泽东文集》第 7 卷，人民出版社 1999 年 6 月版，第 100—101 页。

〔2〕毛泽东读苏联《政治经济学教科书》的谈话（1959 年 12 月至 1960 年 2 月）。见《党的文献》1994 年第 5 期。

识往往是经过困难、经过挫折才得来的。

毛泽东还进而说明，仅仅从读书不读书来判断问题是不行的。他说，三国时吴国的张昭，是一个经学家，在吴国是一个读书多、有学问的人，可是在曹操打到面前的时候，就动摇，就主和。周瑜读书比他少，吕蒙是老粗，这些人就主战。鲁肃是个读书人，当时也主战。可见，光是从读书不读书、有没有文化来判断问题，是不行的。〔1〕当然，毛泽东也强调了没有文化的要努力学习文化，也讲过吕蒙读书的故事，讲我们的军事干部都要读书学习，提高文化水平和理论水平。

毛泽东认为，社会和自然界是一个大学校，那里面的东西——无字的书，多得很，学之不尽，取之不竭。他说，孙中山是中国民族民主革命的领袖。他的三民主义，不是从学校的书本里学的，而是在学校外面的大学校里学的。马克思的学问也不是在学校的书本里学到的，是在英国、法国、德国等处看书看事而学的。所看的事，有资产阶级和无产阶级打仗，有法国资产阶级革命、巴黎公社革命和英国劳工运动，还了解了中国革命，后来写了许多书，成为马克思主义的创始人。〔2〕

---

〔1〕毛泽东读苏联《政治经济学教科书》的谈话（1959 年 12 月至 1960 年 2 月）。见《党的文献》1994 年第 5 期。

〔2〕毛泽东在中央党校的讲话（1938 年 8 月 22 日）。

中国有两位杰出的古代地理学家深为毛泽东所称赞，一位是明朝的徐霞客，一位是《水经注》作者北魏的郦道元。毛泽东在一九五八年一月二十八日的最高国务会议讲话中说：明朝那个江苏人，写《徐霞客游记》的，那个人没有官气，他跑了那么多路，找出了金沙江是长江的发源。“岷山导江”，这是经书上讲的，他说这是错误的，他说是“金沙江导江”。同时，我看《水经注》作者也是一位了不起的人。他不到处跑怎么能写得那么好？这不仅是科学作品，也是文学作品。毛泽东为什么如此称赞徐霞客和郦道元？除了他们的文章写得好，主要是因为他们经过亲身游历和实地考察，获得了大量的书本上没有的东西，并且有新的发现，敢于否定书本上已有的定论，提出自己的科学论断。特别是徐霞客，二十二岁出游，三十年间，足迹及于十六个省区，以坚韧不拔的毅力，越过千山万水，克服千难万险，对祖国的山川源流、地形地貌、岩石洞壑、动物植物，直到民情风俗等等，做了大量调查和观察，给后世留下珍贵的地理资料和知识。他对金沙江是长江的源流的发现，否定了《禹贡》的“岷山导江”的定论，推倒了陈陈相因的旧说。徐霞客这种追求真理的实践精神，赢得了毛泽东的高度评价。

就在一九六一年三月召开的那次广州会议上，在讲到做调查的时候，毛泽东说，他很想骑马跑跑两条大江（指长江、黄河）。一九六四年，年逾古稀的毛泽东，真的准备要去实现他的这一愿望，骑马沿黄河而上，直到黄河源头，对黄河两岸做一次系统的社会调查和自然考察。他还准备组建一个智囊团随行，吸收一些科学家参加，有搞天文的、搞地理的、搞地质的、搞历史的等。这件事以后虽然没有实现，但却说明了毛泽东追求实际知识、在广阔天地里读无字之书的强烈愿望，至老不衰，当年邀同学少年游学的赤子之心犹在。

人们都知道毛泽东送毛岸英上劳动大学的动人故事。毛岸英长期住在苏联，对中国的社会情况不大熟悉。他回国不久，毛泽东让他跟一个劳动模范一起劳动，学习农业生产知识。后来，又派他去参加土改，学习阶级斗争知识，进一步了解中国社会的特点；建国后，又让他参加抗美援朝战争，接受战争考验。毛泽东一方面鼓励毛岸英用功读书，一方面鼓励他广泛接触社会，接触实际，接近群众，经受锻炼，学习实际知识的本领，做一个有益于人民的人。毛泽东对毛岸英的这种要求，实际上也是对广大青年的期望和要求。

早在四十年代，毛泽东在批评党内的主观主义的时候，曾经说过，有两种不完全的知识，一种是现成书本上的知识，一种是偏于感性和局部的知识，这二者都有片面性，只有使二者互相结合，才会产生好的比较完全的知识。又说，我们反对主观主义，必须使上述两种人各向自己缺乏的方面发展，必须使两种人互相结合。有书本知识的人向实践方面发展，然后才可以不停止在书本上，才可以不犯教条主义的错误。有工作经验的人，要向理论方面学习，要认真读书。毛泽东提出的既要读有字之书，又要读无字之书，也就是这个意思。